中传学者文库编委会

主　任： 廖祥忠　张树庭

副主任： 蔺海波　李　众　刘守训　李新军　王　晖
　　　　　杨　懿　柴剑平

成　员（按姓氏笔画排序）：

　　　　王廷信　王栋晗　王晓红　王　雷　文春英
　　　　龙小农　付　龙　叶　龙　刘东建　刘剑波
　　　　任孟山　李怀亮　李　舒　张绍华　张　晶
　　　　张根兴　张毓强　林卫国　郑　月　金　炜
　　　　金雪涛　周建新　庞　亮　赵新利　徐红梅
　　　　贾秀清　高晓虹　隋　岩　喻　梅　熊澄宇

中传学者文库

1954-2024

主编／柴剑平 执行主编／龙小农 副主编／张毓强 周建新

守正创新

王栋晗自选集

王栋晗 著

中国传媒大学出版社

·北京·

图书在版编目（CIP）数据

守正创新：王栋晗自选集 / 王栋晗著 . -- 北京：中国传媒大学出版社，2024.8.

（中传学者文库 / 柴剑平主编）.

ISBN 978-7-5657-3763-3

Ⅰ . F273.1-53

中国国家版本馆 CIP 数据核字第 20240DL902 号

守正创新：王栋晗自选集
SHOUZHENG CHUANGXIN: WANG DONGHAN ZIXUANJI

著　　者	王栋晗
责任编辑	张继媛
封面设计	锋尚设计
责任印制	李志鹏
出版发行	中国传媒大学出版社
社　　址	北京市朝阳区定福庄东街 1 号　　邮　编　100024
电　　话	86-10-65450528　65450532　　传　真　65779405
网　　址	http://cucp.cuc.edu.cn
经　　销	全国新华书店
印　　刷	北京中科印刷有限公司
开　　本	710mm×1000mm　1/16
印　　张	14.25
字　　数	266 千字
版　　次	2024 年 8 月第 1 版
印　　次	2024 年 8 月第 1 次印刷
书　　号	ISBN 978-7-5657-3763-3/F・3763　　定　价　72.00 元

本社法律顾问：北京嘉润律师事务所　郭建平

总　序

媒介是人类社会交流和传播的基本工具。从口语时代到印刷时代，再经电子时代至今天的数智时代，媒介形态加速演变、融合程度深入发展，媒介已然成为现代社会运行的基础设施和操作系统。今天，人类已经迈入媒介社会，万物皆媒、人人皆媒，无媒介不社会、无传播不治理。今天，无论我们怎么用力于信息传播的研究、怎么重视信息传播人才的培养都不为过。

中国传媒大学（其前身为北京广播学院）作为新中国第一所信息传播类院校，自1954年创建伊始，即与媒介形态演变合律同拍、与国家发展同频共振，努力探索中国特色信息传播人才培养模式、构建中国信息传播类学科自主知识体系，执信息传播人才培养之牛耳、发信息传播研究之先声，被誉为"中国广播电视及传媒人才摇篮""信息传播领域知名学府"。

追溯中传肇始发轫之起源、瞩望中传砥砺跨越之未来，可谓创业维艰而其命维新。昔日中传因广播而起，因电视而兴，因网络而盛，今天和未来必乘风破浪、蓄势而上，因人工智能而强。在这期间，每一种媒介兴起，中传均吸引一批志于学、问于道、勤于术的学者汇聚于此，切磋学术、传道授业，立时代之潮头，回应社会需求，成为学界翘楚、行业中坚，遂有今日中传学术研究之森然气象，已历七秩而弦歌不断，将传百世亦风华正茂。

自新时代以来，中传坚守为党育人、为国育才初心，励精图治、勠力前行，秉承"系统治理、创新图强、交叉融合、特色发展"的办学理念，牢牢把握高等教育发展大势、传媒业态发展趋势，瞄准"智能传媒"和"国际一流"两大主攻方向，以世界为坐标、以未来为向度，完成了全面布局和系统升级，正在蹄疾步稳、高质量推动学校从传统高等教育向未来高等教育跨越、从传统传媒教育向智能传媒教育跨越、从国内一流向世界一流跨越，全力建设中国特色、世界一流传媒大学。

中国特色、世界一流，在于有大先生扎根中国大地，汇聚古今、融通中外；在于有大先生执教黉门，学高为师、身正为范；在于有大先生躬耕杏坛，敦品积学、启智润心。习近平总书记更强调，高校教师要立志成为大先生，在教书育人和科研创新上不断创造新业绩。中传广大教师素来以做大先生为毕生职志，努力成为新时代"经师"与"人师"的统一者，做真学问、立高品行，践履"立德树人"使命。

2024岁在甲辰，欣逢中传建校70华诞，学校特邀约部分学者钩玄勒要、增删批阅，遴选已公开刊发的论文汇编成集，出版"中传学者文库"，意在呈现学校在学科建设、科学研究、服务行业实践等方面的最新成果，赓续中传文脉，谱写时代新声。

文库汇聚老中青三代学者，资深学者渊渟岳峙、阐幽抉微；中年学者沉潜蓄势、厚积薄发；青年学者踌躇满志、未来可期。文库与五十周年校庆所出版的"北广学者文库"相承接，大致可勾勒中传知识生产薪火相传、三代辉映之概貌，反映中传在构建中国特色新闻传播类、传媒艺术类、传媒技术类学科体系、学术体系和话语体系方面的耕耘与收获，窥见中国特色信息传播类学科知识体系构建的发展脉络与轨迹。

这一构建过程，虽筚路蓝缕，却步履铿锵；虽垦荒拓野，亦四方辐辏。一批肇始于中传，交叉融合、具有中国特色的学科，如播音主持艺术学、广播电视艺术学、传媒艺术学、数字媒体艺术学、政治传播学等，从涓涓细流汇入滔滔江河，从中传走向全国，展现了中传学者构建中国自主知识体系的学术想象力和创新力。文库展示的虽然是历史，实则是呈现今天；看似是总结过去，实则是召唤未来。与其说这套文库的出版，是对既有学术成果的展示，毋宁说是对未来学术创新的邀约。

回首过往，七秩芳华。我们深知，唯有将马克思主义基本原理与中华优秀传统文化相结合，才能推动中华学术创造性转化和创新性发展，推动中国自主知识体系的构建。我们深知，唯有准确把握媒介形态演变的脉动、深刻认知媒介形态变革所产生的影响，才能推动中国信息传播类学科自主知识体系的构建与时俱进。

展望未来，星辰大海。我们深知，以人工智能为代表的产业和科技革命正迅疾而来，媒介生态正在加速重构，教育形态正在全面重塑，大学之使命与价值正在被重新定义；我们深知，唯有"胸怀国之大者"、面向世界科技前沿、面向经济主战场、面向国家重大需求，才能确保中传始终屹立于中国乃至世界传媒教育发展之潮头。

如何应对人工智能带来的深刻变革，对中传而言是一场要么"冲顶"、要么"灭顶"的"兴亡之战"。我们坚信，不管前方是雄关漫道，还是荆棘满途，唯有勇敢直面"教育强国，中传何为？"这一核

心命题，奋力书写"智能传媒教育，中传师生有为！"的精彩答卷，才能化危为机，奋力开创人工智能时代中传智能传媒教育新纪元。

功不唐捐，芳华七秩；风帆正举，赓续创新。

是为序。

第十四届全国政协委员，中国传媒大学党委书记、教授、博士生导师

推荐序

  创新是构建新质生产力、推动高质量发展的核心推动力。在党和国家的战略规划与有力组织下，中国创新呈现出百花齐放、蓬勃奋进的发展势头。与此同时，中国创新学派在探索、阐释与洞见中国创新的最佳实践中不断发展，向中国乃至世界展现中国学术的理论涵养与实践智慧。

  在此背景下，中国传媒大学经济与管理学院院长王栋晗汇聚十余年科研精粹，出版论文集《守正创新——王栋晗自选集》，可谓恰逢其时。该书以俯览视角延续"由内而外"的空间脉络，阐述了企业战略与创新之间耦合发展的整合框架，体现了王栋晗教授对于"创新"的系统思考与独到见解，颇具启发性与研究价值！

  希望该书的出版能为中国创新研究注入活力！

清华大学经济与管理学院
清华大学技术创新研究中心
陈劲

前　言

在百年未有之大变局与大国竞争的背景下，数字化与智能化浪潮以前所未有的速度、力度、频度引发颠覆性变革。企业不仅要应对数智化竞争所引发的不确定性挑战，也要在冲击的洗礼下以"壮士断腕"的勇气实施内部变革以拥抱时代，更要以超越时代的洞察力实施超前战略布局。在此过程中，创新与战略已成为紧跟未来潮流、引领未来发展、塑造未来格局的重要手段与核心工具。

《守正创新——王栋晗自选集》汇集了王栋晗教授十几年来在创新与战略管理领域的文献研究和重要观点，沿着从企业内部到企业外部的方向深入探讨了创新与战略如何影响、如何共同推动企业发展。同时，每一篇论文都以其独特的研究视角和方法，为创新与战略管理领域的研究贡献了新的力量。希望这些研究成果能够为读者带来思考和启发，推动学术研究和实践应用不断进步。

总的来说，本论文集汇聚了创新研究成果和智慧结晶，旨在通过不断的努力和探索在学术研究的道路上取得更加丰硕的成果。

通过本论文集，作者希望提供一个多维度的视角，为创新与战略管理领域的研究提供参考和借鉴，帮助学术界、业界人士更好地理解这两大主题的复杂性，并为企业发展与成功提供一定的参考。

目　录

创新篇

对外部环境特性的自主创新能力研究 …………………………………… 003
组织学习对企业获取创新收益的影响研究 ……………………………… 015
控制机制对企业获取创新绩效的影响研究 ……………………………… 027
通过知识共享实现创新：基于权变视角的研究 ………………………… 043
众创空间孵化经验与企业创新绩效的关系研究 ………………………… 058
产业互联网平台场景如何驱动商业生态系统创新
　　——基于汇通达的纵向案例研究 …………………………………… 073

战略篇

组织合法性对企业成长的"双刃剑"效应研究 ………………………… 097
资源柔性对企业多元化倾向的影响研究 ………………………………… 134
创业导向与企业绩效：制度创业的观点 ………………………………… 144
转型背景下企业外部关系网络、战略导向对战略变化速度的影响研究 ……… 164
基于因子分析的企业竞合关系评价体系研究 …………………………… 187
联盟中的知识管理：控制机制的作用研究 ……………………………… 202

创新篇

对外部环境特性的自主创新能力研究*

一、引言

创新对企业形成竞争优势具有重要意义①,然而我国企业创新明显处于较低水平,在创新过程中也面临很高的风险,这其中的重要原因就是:①企业缺乏自主创新能力;②企业无法有效地利用自主创新能力实现竞争优势。《中共中央关于制定国民经济和社会发展第十一个五年规划的建议》明确指出:必须提高自主创新能力,把增强自主创新能力作为科学技术发展的战略基点、调整产业结构和转变增长方式的中心环节②。企业作为自主创新主体,如何提高企业自主创新能力成为一个重要的研究问题。

企业资源在日常经营活动中发挥着重要作用,其不可避免地会影响自主创新能力③。针对资源对自主创新能力的影响,目前存在两种截然不同的观点。基于资源的观点认为,资源可以为创新活动和组织学习提供支持,提高企业

---

* 本文原载于《科学学与科学技术管理》2009年第9期,与李垣教授合作,收入本书时有改动。

① Hitt M, Hoskisson R, Kim H.International diversification: effects on innovation and firm performance in productdiv-ersified firms [J].Academy of Management Journal, 1997, 40 (4): 767–798.

② 徐冠华.关于自主创新的几个重大问题 [J].中国软科学, 2006 (4): 1–7.

③ Barney J.Firm resources and sustained competitive advantage [J].Journal of Management, 1991, 17 (1): 99–120.

自主创新能力[1]；而组织刚性的观点认为，曾为企业创造竞争优势的资源在外部环境变化时往往会形成能力陷阱，对自主创新能力产生不利的影响[2]。那么，企业资源对自主创新能力到底有怎样的影响？为什么目前会产生两种截然相反的研究结论呢？环境是企业生存和发展的场所，会对企业在各个方面产生影响，对企业的分析必须结合企业所处的环境[3]。企业资源的价值会受到环境的影响，企业资源对自主创新能力的影响也会随环境的不同而不同。

二、自主创新能力

Burns和Stalker（1961）首次提出创新能力的概念：组织成功采纳或实施新思想、新工艺以及新产品的能力，随后在研究中对创新能力分别从企业、区域以及国家三个层面进行分析。其中，在对企业创新能力的研究中，创新能力被定义为：企业有效吸收、掌握和改进现有技术，并创造新技术所需技能和知识的能力[4]。对于自主创新的概念，柳卸林（1997）认为，自主创新就是创造了自己知识产权的创新[5]。吴贵生和刘建新（2006）认为，自主创新是现阶段我国经济社会发展在面临转型挑战的特定背景下提出的概念。自主创新的内涵要从以下四个方面加以理解：自主是前提，创新是要害，知识产权是关键，创新能力是核心。进而，他们对自主创新做了一个"宽松"定义和两个"收紧"定义。其中，"宽松"定义是：自主创新指在创新主体控制下的创新；第一个"收紧"定义是：自主创新是在创新主体控制下，获得自主知

---

[1] Barney J.Firm resources and sustained competitive advantage［J］.Journal of Management，1991，17（1）：99-120.

[2] Lall S.Technological capabilities and industrialization［J］.World Development，1992，20（2）：165-186.

[3] Barney J.Firm resources and sustained competitive advantage［J］.Journal of Management，1991，17（1）：99-120.

[4] Lall S.Technological capabilities and industrialization［J］.World Development，1992，20（2）：165-186.

[5] 柳卸林.企业技术创新管理［M］.北京：科学技术文献出版社，1997.

识产权的创新;第二个"收紧"定义是:自主创新是在创新主体控制下,掌握核心技术的创新[①];结合以上对创新能力和自主创新的定义,我们可以认定企业自主创新能力就是企业开展自主创新的能力。自主创新能力是企业实施创新、获取竞争优势的一种重要战略资源,体现着企业的动态竞争优势,企业自主创新能力越强,自主创新成功的可能性越高[②]。自主创新的知识具有隐性、复杂性和技巧性等特点,使竞争者难以模仿,能够给企业带来持续的竞争优势[③]。

三、企业资源、自主创新能力和竞争优势的关系

(一)研究框架的提出

环境是企业生存和发展所必需的空间,从各个方面对企业产生影响,对企业的分析必须结合企业所处的环境[④]。企业资源在日常经营活动中发挥着重要的作用,其不可避免地会影响自主创新能力[⑤]。企业资源对自主创新能力的影响也会随环境的不同而不同。在发挥创新能力的过程中,环境因素也会对企业自主创新能力产生重要的影响,进而影响企业竞争优势。所以在不同的环境中,企业如何更好地提高自主创新能力,成为一个值得研究的重要问题。

企业所面临的环境具有两个重要的特征:包容性和动态性。环境的包容性是指企业经营环境中所需资源的充裕程度以及企业获取这些资源的难易程

---

① 吴贵生,刘建新.对自主创新的理解.创新与创业管理:第2辑[C].北京:清华大学出版社,2006:1-10.

② 周永红,张子刚,刘开军.技术能力成长对企业技术创新的"双刃"影响[J].科学学研究,2006,24(2):305-310.

③ Turner K L, Makhija M V.The role of organizational controls in managing knowledge [J]. Academy of Management Review, 2006, 31(1): 197-217.

④ Barney J.Firm resources and sustained competitive advantage [J].Journal of Management, 1991, 17(1): 99-120.

⑤ Barney J.Firm resources and sustained competitive advantage [J].Journal of Management, 1991, 17(1): 99-120.

度①。环境的包容性反映了环境对于企业持续增长的支持程度②。环境的动态性是指环境变化的程度，分为稳定性和可预测性两个部分③。稳定性描述了环境中事件发生的频率、变化的程度及频率；可预测性描述了事件按照预期发生的程度④。环境的包容性和动态性对企业资源与自主创新能力的关系，以及企业利用创新能力获取创新收益发挥了重要作用。因此，本文提出如图1所示的研究框架。

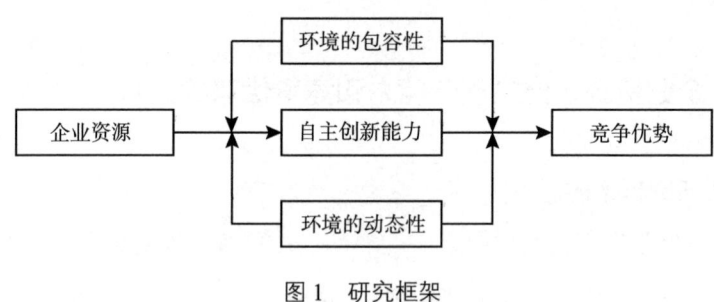

图1　研究框架

（二）企业资源对自主创新能力的影响

对于企业资源对自主创新能力的影响，目前存在两种相互对立的观点：基于资源的观点和组织刚性的观点。其中，基于资源的观点认为，企业的竞争优势源于自身的资源⑤。企业的资源可以支持人们使用资源试验一些新

---

① Castrogiovanni G J.Environmental munihcence；a theoretical assessment［J］.Academy of Management Review，1991，16（3）：542-565.

② Dess GG，Beard WB.Dimensions of organizational task environments［J］.Administrative Science Quarterly，1984，29（1）：52-73.

③ Scott WR.Organizations：Rational，natural and open systems［M］.Upper Saddle River：Prentice Hall，1992.

④ Scott WR.Organizations：Rational，natural and open systems［M］.Upper Saddle River：Prentice Hall，1992.

⑤ Barney J.Firm resources and sustained competitive advantage［J］.Journal of Management，1991，17（1）：99-120.

项目①。较多的资源可以减轻企业内部的负担，能够为开展结果不确定的计划提供支持，有利于企业形成鼓励创新的环境以及开展创新活动②。由于在创新过程中需要消耗资源，且创新活动有较大的不确定性，很难提前准备好创新所需的全部资源，所以拥有较多的资源就显得非常必要③。Staw 和 Szwajkowski（1975）研究发现，为了获取创新所需的资源，企业甚至不惜采取违法的手段，由此可见，资源对企业开展创新具有重要的影响④。在开展创新的过程中，企业可以积累大量的知识，这些知识对于提高企业自主创新能力有重要的帮助作用。因此，企业资源能够通过为内部研发活动提供支持而提高企业的自主创新能力。同时，外部知识获取可以帮助企业提高自主创新能力⑤。当企业拥有的资源较多时，企业对获取外部知识所需成本的承受能力较强，这有助于企业获取外部知识；而且较多的资源可以帮助企业吸引外部人才，提高企业的知识含量，从而提升企业的自主创新能力。所以基于资源的观点认为，企业资源可以为内部知识积累和外部知识获取提供支持，进而提高企业的自主创新能力。

但研究组织刚性的学者认为，企业资源会对自主创新能力的提高产生不利的影响，主要包括以下三个方面：①资源会形成组织学习的障碍。曾为企业创造竞争优势的资源在外部环境发生变化时往往会形成能力陷阱。拥有较多资源的企业可以较为容易地应对环境的变化，这使得企业不愿意开发和获

---

① Huber G P, Sutcliffe K M, Miller C C, et al.Understanding and predicting organizational change [M] // Huber G P, Glick W H. Organizational change and redesign. New York：Oxford University Press，1993.
② Huber G P, Sutcliffe K M, Miller C C, et al.Understanding and predicting organizational change [M] // Huber G P, Glick W H. Organizational change and redesign. New York：Oxford University Press，1993.
③ Staw B M, Szwajkowski E.The scarcity-munificence component of organizational environments and the commission of illegal acts [J].Administrative Science Quarterly，1975：345-354.
④ Staw B M, Szwajkowski E.The scarcity-munificence component of organizational environments and the commission of illegal acts [J].Administrative Science Quarterly，1975：345-354.
⑤ Doz Y.L, Hamel G.Alliance advantage：The art of creating value through partnering [M]. Cambridge：Harvard Business School Press，1998.

取新的知识来提高现有能力①，而企业不愿意开发和获取新知识不可避免地会阻碍企业自主创新能力的提高。②丰富的资源往往会削弱外部环境变化对企业造成的威胁，并使决策者对外部变化不再敏感。因此，和资源匮乏的企业相比，资源丰富的企业对未来情况的预期往往更为确定，这类企业一般也很少主动地开发和获取新的知识，使企业难以提高自身的自主创新能力②。③企业长期积累形成的资源是一种重要的财富，如果企业为了适应环境的变化而轻易地调整其战略，则会损害其现有资源的价值，从而削弱企业长期形成的竞争优势。因此，现有资源对组织形成了一种"锁定"（Lock In）的局面③。这种"锁定"局面使企业更愿意使用已经拥有的资源，而不愿意开发和获取新的知识。

　　基于资源的观点和组织刚性的观点，从不同的角度出发研究企业资源对自主创新能力的影响，得出了相反的结论。本文认为，产生这种对立研究结论的一个重要原因就是两种观点仅仅分析了企业资源对企业自主创新能力的影响，而忽略了一个重要的影响因素——外部环境。首先，企业资源的价值会受到外部环境的影响，在不同的环境中，企业资源在进行内部知识积累和外部知识获取的过程中发挥了不同的作用，进而对企业提高自主创新能力的影响也会有所差异；其次，在不同的环境中，企业所面临的竞争压力不同，企业利用自身资源提高自主创新能力的动机也就各不相同，该动机的差异会直接影响到企业自主创新能力的提高④。因此，企业资源对自主创新能力的影响会受到外部环境的影响。本文结合外部环境的特征，讨论在不同特征的环

---

① Barton L.Core capabilities and core rigidities：A paradox in managing new product development［J］. Strategic Management Journal，1992，13（S1）：111-125.

② Kraatz M S, Zajac E J.How organizational resources affect strategic change and performance in turbulent environments：Theory and evidence［J］.Organization Science，2001，12（5）：632-657.

③ Kraatz M S, Zajac E J.How organizational resources affect strategic change and performance in turbulent environments：Theory and evidence［J］.Organization Science，2001，12（5）：632-657.

④ Barney J.Firm resources and sustained competitive advantage［J］.Journal of Management，1991，17（1）：99-120.

境中企业资源对自主创新能力的影响，以求解决基于资源的观点和组织刚性的观点研究结论的不一致的问题。

在包容性弱的环境中，企业获取资源的难度大，获取资源需要的时间相对较长，而且成本高。如果企业这时所拥有的资源较少，由于资源的匮乏，企业在外界环境中发现机会、利用机会的能力也会下降。同时，资源匮乏的企业无法为创新活动进行足够的投入，无法保证创新活动的顺利开展，不利于企业积累新的知识以提高自身的自主创新能力[1]。同时，当企业在外部发现有价值的知识时，企业通常需要投入资源来获取这些有价值的知识。然而，当企业所拥有的资源较少时，企业很难为获取这些知识提供足够的支持[2]。尤其是在包容性弱的环境中，企业获取外部知识的难度相对较大，而企业又没有足够的资源来支持，这会对企业获取外部知识造成明显的阻碍，不利于企业通过获取外部知识来提高自主创新能力。

但在包容性强的环境中，企业可以较容易地获取所需的资源。即使企业没有大量的资源来保证创新工作的开展和外部知识的获取，也可以快速地获取资源来保证目标的实现，而且在包容性强的环境中，拥有大量的资源会产生很高的成本，管理人员也会由于过分的乐观而采取不合适的策略[3]。同时，过多的资源会造成企业对外部环境变化的不敏感和过分的强调利用已有资源的"锁定"局面，减弱企业进行创新的动机以及从外界获取知识的动机，不利于企业提高自主创新能力[4]。因此，在包容性强的环境中，拥有较多的资源不仅不能为企业开展创新工作和获取知识提供支持，还会对

---

[1] Huber G P, Sutcliffe K M, Miller C C, et al. Understanding and predicting organizational change [M] // Huber G P, Glick W H. Organizational change and redesign. New York: Oxford University Press, 1993.

[2] Staw B M, Szwajkowski E. The scarcity-munificence component of organizational environments and the commission of illegal acts [J]. Administrative Science Quarterly, 1975: 345-354.

[3] Barton L. Core capabilities and core rigidities: A paradox in managing new product development [J]. Strategic Management Journal, 1992, 13 (S1): 111-125.

[4] Kraatz M S, Zajac E J. How organizational resources affect strategic change and performance in turbulent environments: Theory and evidence [J]. Organization Science, 2001, 12 (5): 632-657.

企业的创新和知识的获取产生阻碍，进而对企业自主创新能力的提高产生不利影响。

命题1：在包容性弱的环境中，较多的资源有助于企业自主创新能力的提升。

命题2：在包容性强的环境中，较多的资源不利于企业自主创新能力的提升。

在动态的环境中，技术不断发展，消费者的需求也快速多变。在这样的环境中，企业需要不断的开展创新活动来满足消费者不断变化的需求，同时通过创新活动积累和提高自身的知识与能力来应对外界环境的不断变化。所以在动态的环境中，企业提高自主创新能力的动机较强，而在提高自主创新能力时，企业需要通过内部知识的积累和外部知识的获取来提高自主创新能力。这时，拥有较多资源的企业可以为内部的创新等活动提供支持，实现企业内部的知识积累①。同时，在动态的环境中，企业从外部获取知识的难度较大，企业间对于知识的竞争更加激烈，因此企业需要对外部知识的获取进行较高的投入。如果企业拥有的资源较多，企业能够较为容易地对外部知识获取提供支持，保证外部知识获取目标的实现；而如果企业拥有的资源有限，就很难为外部知识获取提供支持，不利于企业获取外部知识②。所以，在动态环境中，较多的资源可以通过支持企业内部知识积累和外部知识获取来保证企业自主创新能力的提高；而较少的资源无法保证企业知识的积累和获取，也就无法为企业提高自主创新能力提供支持。因此，基于资源的观点在动态的环境中拥有较强的解释能力。

相反，在稳定的环境中，企业不论是进行创新的动机还是获取外部知识的动机都会明显处于较低的水平。这时较多的资源对企业内部知识积累和外

---

① Huber G P, Sutcliffe K M, Miller C C, et al.Understanding and predicting organizational change [M] // Huber G P, Glick W H. Organizational change and redesign. New York：Oxford University Press，1993.

② Staw B M, Szwajkowski E.The scarcity-munificence component of organizational environments and the commission of illegal acts [J].Administrative Science Quarterly，1975：345-354.

部知识获取的支持作用都会减弱。但较多的资源所导致的组织刚性在这时会发挥明显的作用。首先，拥有较多资源的企业不愿意开发和获取新的知识来提高现有的能力，而企业不愿意开发和获取新知识不可避免地会阻碍企业自主创新能力的提高[1]；其次，与资源匮乏的企业相比，资源丰富的企业对未来情况的预期往往更为确定，这类企业一般也很少主动地开发和获取新的知识，使企业难以提高自身的自主创新能力[2]；最后，企业现有资源对企业形成了一种"锁定"的局面[3]。这种"锁定"局面使企业更愿意使用已经拥有的资源而不愿意开发和获取新的知识，尤其是拥有较多资源的企业会面临更加严重的"锁定"问题。所以，在稳定的环境中，企业资源所导致的组织刚性会减弱企业进行内部知识积累和外部知识获取的动机，进而阻碍自主创新能力的提高。

命题3：在动态性强的环境中，较多的资源可以帮助企业提高自主创新能力。

命题4：在动态性弱的环境中，较多的资源不利于企业自主创新能力的提升。

（三）环境对自主创新能力与企业竞争优势关系的影响

自主创新能力是企业实施创新、获取竞争优势的一种重要战略资源，其体现了企业的动态竞争优势，自主创新能力越强的企业自主创新成功的可能性越高[4]。企业需要通过不断创新来把握和利用外部的机会，创新对企业保持

---

[1] Barton L.Core capabilities and core rigidities: A paradox in managing new product development[J]. Strategic Management Journal, 1992, 13 (S1): 111-125.

[2] Kraatz M S, Zajac E J.How organizational resources affect strategic change and performance in turbulent environments: Theory and evidence [J].Organization Science, 2001, 12 (5): 632-657.

[3] Kraatz M S, Zajac E J.How organizational resources affect strategic change and performance in turbulent environments: Theory and evidence [J].Organization Science, 2001, 12 (5): 632-657.

[4] 周永红，张子刚，刘开军.技术能力成长对企业技术创新的"双刃"影响[J].科学学研究，2006, 24 (2): 305-310.

竞争优势有着重要的作用[1]。所以，作为企业开展创新的基础，自主创新能力是企业实现竞争优势过程中必不可少的。

命题 5：企业自主创新能力对企业建立竞争优势有促进作用。

在利用自主创新能力的过程中，其他因素会对企业能否有效地建立竞争优势产生影响，其中的一个重要因素就是企业所面临的环境[2]。在不同的环境中，企业能否有效地利用自主创新能力建立和保持竞争优势有着明显的差异。所以环境在利用自主创新能力赢得竞争优势的过程中的影响作用也是一个重要的研究问题。

环境的包容性是指在经营环境中企业所需资源的充裕程度以及企业获取这些资源的难易程度[3]。企业获取外部知识是提高自主创新能力的重要手段，当企业发现外部的机会而缺乏相应的创新能力时，企业可以通过获取外部知识来提高自主创新能力，进而把握该机会。在包容性强的环境中，企业能够轻易获取所需的知识资源。在这种情况下，即使企业缺乏把握外部机会的创新能力，也可以通过获取外部知识来提高创新能力，从而把握机会。相反，在包容性弱的环境中，企业获取资源的难度大，获取资源需要的时间相对较长，而且成本高，企业很难迅速提高自主创新能力。因此，在包容性弱的环境中，企业的自主创新能力在企业实现竞争优势时所发挥的作用要大于在包容性强的环境中所发挥的作用。

命题 6：在包容性强的环境中，自主创新能力对竞争优势的影响要小于在包容性弱的环境中其所发挥的作用。

在动态的环境中，技术不断地取得进步，消费者的需求也快速多变。在这样的境况下，机会稍纵即逝，产品生命周期不断缩短，企业需要迅速地开展创新活动来把握这些机会，以满足消费者不断变化的需求。企业较高的自主创新能力可以使企业迅速地完成产品创新，快速地将新产品推向市

---

[1] 徐冠华.关于自主创新的几个重大问题[J].中国软科学，2006（4）：1-7.

[2] 柳卸林.企业技术创新管理[M].北京：社会科学文献出版社，1997.

[3] Castrogiovanni G J.Environmental munihcence: a theoretical assessment[J].Academy of Management Review，1991，16（3）：542-565.

场，满足消费者需求，进而获取创新的收益。相反，在稳定的环境中，消费者的需求较为稳定，产品生命周期相对较长，这时留给企业通过开展创新活动来利用机会的时间较长。即使企业不具备开展创新活动所需要的全部创新能力，企业也可以通过内部的知识积累和外部的知识获取来提高自身的创新能力，进而把握机会。在这样的情形下，自主创新能力对竞争优势的影响就不像在高度不确定的环境中那样显著。

命题7：在动态性强的环境中，自主创新能力对企业竞争优势的影响要大于在动态性弱的环境中其所发挥的作用

四、结论和启示

对于企业资源对自主创新能力的影响，基于资源的观点和组织刚性的观点得出了相互对立的结论。本文在对这两种观点进行分析的基础上发现：这两种观点仅仅讨论了企业资源对自主创新能力的影响，而忽略了环境的影响作用，因此才会得出相互对立的研究结论。本文结合企业所面临环境的特征，分析在不同环境特征中企业资源对自主创新能力所产生的影响。研究发现：在包容性弱和动态性强的环境中，较多的资源有助于企业自主创新能力的提升，也就是基于资源的观点在这样的环境中更加具有解释力度；而在包容性强和动态性弱的环境中，企业资源所导致的组织刚性反而不利于自主创新能力的提高。本研究有效地解决了基于资源的观点和组织刚性的观点对企业资源和自主创新能力关系研究结论的冲突。同时，本研究发现，企业自主创新能力对其竞争优势有着重要的影响，尤其是对处于动态性强和包容性低环境中的企业。

同时，本文的研究具有重要的应用价值。如何有效地配置资源来提高自主创新能力是企业在经营中必须面对的问题。研究表明：在包容性弱和动态性强的环境中，企业应当对资源进行有效的积累，使企业有足够的资源来开展创新活动和获取外部知识，进而提高企业的自主创新能力；而当企业所面对的环境具有包容性强和动态性弱的特征时，企业应当有效地避免由于拥有

较多资源所导致的组织刚性，进而保证企业自主创新能力的提高。而且，企业应该积极建立自身的自主创新能力来实现企业的竞争优势，尤其是当企业面临具有高度的动态性和很低的包容性环境的时候。

组织学习对企业获取创新收益的影响研究*

在科技高速发展的今天，企业需要通过不断地创新来应对科技变化，创新对企业竞争优势有着重要的作用[1]，然而企业有时会无法获取创新收益[2]。在综述以往研究时，Capon等人发现：有2/3的研究发现创新与企业绩效呈正相关关系，剩下的研究发现创新与企业绩效呈负相关关系或没有关系[3]。导致研究结论不一致的一个重要原因是一些要素会对企业获取创新收益产生影响[4]。因此，分析并发现影响企业获取创新收益的要素就有着重要的意义。

知识经济时代使得企业必须不断开展组织学习。组织学习已经成为企业适应科技进步的重要方法，对企业赢得竞争优势有重要的贡献[5]。组织学习在研发、生产、销售等各个环节都发挥了重要作用，在获取创新收益的过程中

---

* 本文原载于《研究与发展管理》2011年第1期，作者系苏中锋、王栋、陈永广，收入本书时有改动。

[1] 李垣，苏中锋.战略柔性对企业获取创新收益的影响研究[J].科学学研究，2008，26（2）：414-418.

[2] Teece D J.Profiting from technological innovation: Implications for integration, collaboration, licensing and public policy [J].Research Policy, 1986, 15 (6): 285-305.

[3] Capon N, Farley J U, Hoenig S.Determinants of financial performance: Ameta-analysis [J].Management Science, 1990, 36 (10): 1143-1159.

[4] Li H, Atuahene-Gima K.Product innovation strategy and the performance of new technology ventures in China [J].Academy of Management Journal, 2001, 44 (6): 1123-1134.

[5] March J G.Exploration and exploitation in organizational learning [J].Organization Science, 1991, 2 (1): 71-87.

也不例外[1]。但组织学习在获取创新收益的过程中到底发挥了什么样的作用？不同类型的组织学习对获取不同类型的创新收益有着什么样的影响呢？

虽然这2个问题的背后蕴含着重要的理论意义与应用价值，然而目前的研究仅仅关注了组织学习对创新的影响，对组织学习在获取创新收益过程中所发挥的作用缺乏研究。本文重点分析组织学习对企业获取创新收益的影响，一方面可以丰富组织学习与创新关系的研究，另一方面也为如何通过组织学习来获取创新收益提供指导。

一、文献综述

（一）创新及其与企业绩效的关系

由于竞争的加剧和产品生命周期的缩短，企业需要通过创新来应对不断变化的环境和满足消费者不断变化的需求，因此，创新对企业有着重要的意义。在目前对创新的研究中，通常根据创新幅度的不同将其分为渐进创新和突变创新[2]。渐进创新是对现有技术小的改善或简单的调整，是一种低层次的创新[3]，这种创新是指在现有技术和能力上的变化，并与现有市场和顾客的变化相联系[4]。渐进创新从主要市场大多数用户关注的方面来提高和改进产品与服务[5]，无论这种提高和改进的跨度有多大，只要其性能提高和改进的轨道依然是主流

---

[1] Levinthal D A, March J G.The myopia of learning[J].Strategic Management Journal, 1993, 14(S2): 95-112.

[2] 李垣, 苏中锋.战略柔性对企业获取创新收益的影响研究[J].科学学研究, 2008, 26(2): 414-418.

[3] Chandy R K, Tellis G J.Organizing for radical product innovation: the overlooked role of willingness to cannibalize[J].Journal of Marketing Research, 1998, 35(4): 474-487.

[4] Munson F C, Pelz D C.The innovating process: A conceptual framework[M].Michigan: University of Michigan, 1979.

[5] Garcia R, Calantone R.A critical look at technological innovation typology and innovativeness terminology[J].Journal of Product Innovation Management, 2002, 19(2): 110-132.

用户要求的性能轨道，就依然是渐进创新①。相反，突变创新是企业首次向市场投放新产品和新技术的创新，能对经济产生重大影响。突变创新被认为是"真正全新的"、自上而下进行的革命性的和不连续的创新，它代表着技术上有革命性变化的变革，表现为同现有实践的明显分离。突变创新是一种较高层次的创新，它改变了公司的技术过程并且创造了新的行业、产品或者市场。Garcia 和 Calantone 认为突变创新是包含新技术和形成新市场的创新。两种创新的根本差异在于突变创新比渐进创新包含更多的新知识、新技术；突变创新往往导致新产品、新工艺的出现，而渐进创新表现为在原有基础上的改进和优化。

对于创新与企业绩效的关系，目前的研究结论并不一致。虽然大量研究发现创新与企业绩效呈正相关关系，但也有研究发现创新对企业绩效没有明显的影响②，甚至还有研究发现创新对企业绩效有负面的影响③。这些结果表明虽然创新可以给企业带来收益，但企业并不一定能有效地获取这些收益。Teece 指出：现实中经常出现竞争者或模仿者比创新者获得更多收益的例子④。例如，Netscape 最先开发出浏览器，但 Microsoft 占据了市场的主要份额；Excite 和 Lycos 最先推出搜索引擎，但 Yahoo 从他们手中夺取了市场，而现在 Google 成了市场的领导者⑤。

针对研究结论的不一致，Li 和 Atuahene-Gima 指出一些要素会对企业获取创新收益产生影响⑥。因此，发现并分析影响企业获取创新收益的要素有

---

① Ettlie J E.Organizational policy and innovation among suppliers to the food processing sector［J］.Academy of Management Journal，1983，26（1）：27-44.
② Koellinger P.The relationship between technology，innovation，and firm performance：Empirical evidence from e-business in Europe［J］.Research Policy，2008，37（8）：1317-1328.
③ Goldenberg J，Lehmann D R，Mazursky D.The idea itself and the circumstances of its emergence as predictors of new productsuccess［J］.Management Science，2001，47（1）：69-84.
④ Teece D J.Profiting from technological innovation：Implications for integration，collaboration，licensing and publicpolicy［J］.Research Policy，1986，15（6）：285-305.
⑤ Pisano G.Profiting from innovation and the intellectual property revolution［J］.Research Policy，2006，35（8）：1122-1130.
⑥ Li H，Atuahene-Gima K.Product innovation strategy and the performance of new technology ventures in China［J］.Academy of Management Journal，2001，44（6）：1123-1134.

着重要的意义。目前，已有少量研究对该问题进行分析，如 Li 和 Atuahene-Gima 发现外部环境及企业战略会对创新与绩效的关系产生影响；李垣和苏中锋分析了战略柔性对企业获取创新收益的影响，发现协调柔性能够帮助企业获取创新的收益，尤其是突变创新的收益；而资源柔性可以帮助企业获取渐进创新的收益，对获取突变创新收益则有不利影响。

（二）对组织学习的研究

企业的知识源于组织的学习活动，因此组织学习是企业保持竞争优势的重要途径[1]。根据组织学习是沿着原有轨迹还是沿着完全不同的轨迹进行，可以将组织学习划分为应用性和探索性[2]。应用性学习指企业投入资源对现有的知识、技能和工艺进行提高与延伸，目的在于使现有活动更加高效和可靠[3]。应用性学习建立在现有知识和加强已有技能、流程、结构的基础上[4]，能够拓宽企业的知识和技能，改善并提高现有产品和服务的性能，提高现有销售渠道的效率等[5]。探索性学习涉及搜索新的实践以及发现新技术、新事业、新流程和新的生产方式等，是企业投入资源获得全新的知识、技能和工艺[6]的活动。通过探索性学习，企业可以搜索全新的知识、技能并将其应用于现有的或未来的业务领域，创造出全新的产品或技能，开辟全新的市场，从而摆脱竞争对手的威胁。

---

[1] Levinthal D A, March J G.The myopia of learning[J].Strategic Management Journal, 1993, 14（S2）：95-112.

[2] March J G.Exploration and exploitation in organizational learning[J].Organization Science, 1991, 2（1）：71-87.

[3] He Z L, Wong P J.Exploration vs. exploitation: An empirical test of the ambidexterity hypothesis[J]. Organization Science, 2004, 15（4）：481-494.

[4] Atuahene-Gima K.Resolving the capability-rigidity paradox in new product innovation[J]. Journal of Marketing, 2005, 69（4）：61-83.

[5] Raisch S, Birkinshaw J.Organizational ambidexterity: Antecedents, outcomes, and moderators[J]. Journal of Management, 2008, 34（3）：375-409.

[6] Yalcinkaya G, Calantone R J, Griffith D A.An examination of exploration and exploitation capabilities: Implications for product innovation and market performance[J].Journal of International Marketing, 2007, 15（4）：63-93.

对于组织学习与创新的关系，大量学者进行了分析。在对组织学习和创新进行分类的基础上，Atuahene-Gima 发现探索性学习可以促进突变创新的开展，但不利于渐进创新的开展；而应用性学习可以促进渐进创新的开展，但对突变创新有不利的影响。虽然目前的研究发现组织学习对创新有重要的影响，但是对组织学习在企业获取创新收益过程中的作用缺乏研究，这就成为组织学习与创新关系研究中的一个空白，需要进行深入的分析。

二、假设的提出

企业在获取创新收益的过程中需要知识资源的支持[①]。企业需要关于消费者的知识来发现合适的用户群，关于竞争者的知识来采取合适的竞争手段，关于模仿者的知识来保护知识产权等。同时，企业需要不断地组织学习来提高内部的研发、生产、销售、运营等能力，以保证创新商业化的成功，进而获取创新收益。知识对获取创新收益有重要的影响，而组织学习恰恰是企业获取和开发知识的重要手段，所以组织学习在企业获取创新收益的过程中发挥了重要的作用。由于突变创新和渐进创新所包含及所需要知识的差异，以及探索性学习和应用性学习给企业带来的知识的差异，本文构建了图1所示的研究框架，以具体分析组织学习在获取创新收益过程中所发挥的作用。

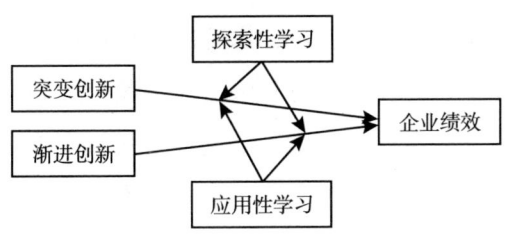

图 1　本文的研究框架

---

① Teece D J.Profiting from technological innovation：Implications for integration，collaboration，licensing and public policy[J].Research Policy，1986，15（6）：285-305.

在商业化突变创新的过程中,企业已有的知识往往难以满足突变创新的需要,企业需要学习和利用全新的知识来满足突变创新的需要。例如,企业需要关于新的市场信息以及新的消费者信息来为突变创新发现最合适的市场和消费群体,进而保证突变创新商业化的成功。探索性学习的目的在于通过实验和增加多样性来获取现有活动的新颖性[①]。通过探索性学习的开展,企业可以获得全新的知识来满足突变创新的需要,进而有效地实现突变创新商业化的成果转化,获取创新的收益。因此,探索性学习对于企业获取突变创新的收益有很好的促进作用。应用性学习依然以企业已有的知识为基础,但这些知识常常难以满足突变创新商业化过程中对全新知识的需求,而且,过分强调已有的知识还会限制企业获取和应用新知识来满足突变创新商业化的要求,对突变创新商业化产生不利的影响,降低突变创新对企业绩效的贡献。

假设1 探索性学习正向调节突变创新与企业绩效的关系。

假设2 应用性学习负向调节突变创新与企业绩效的关系。

在将渐进创新推向市场的过程中,企业基于以往的知识将其加以适当的改进和提高就可以有效地满足渐进创新的需求。应用性学习是以企业已有的知识为基础,将其进行丰富和提高,这些知识能够有效地满足渐进创新商业化过程中对知识的需求,帮助企业成功地将渐进创新推向市场,获取创新收益。相反,通过探索性学习的开展,企业可以获得全新的知识。但是在商业化渐进创新的过程中,企业已有的知识可以有效地保证其商业化的成功,这些全新知识的贡献相对有限,而且过分强调利用全新的知识会导致企业抛弃现有的知识,这会大大提高商业化过程的成本。同时,过度利用这些全新的知识,可能导致企业与现有的市场和顾客群失去紧密地联系,进而对渐进创新的商业化产生不利的影响,降低渐进创新对企业绩效的贡献。

---

① Yalcinkaya G, Calantone R J, Griffith D A. An examination of exploration and exploitation capabilities: Implications for product innovation and market performance [J]. Journal of International Marketing, 2007, 15 (4): 63-93.

假设3 探索性学习负向调节渐进创新与企业绩效的关系。

假设4 应用性学习正向调节渐进创新与企业绩效的关系。

三、实证检验

（一）数据的收集

本次调研向陕西省500家制造业企业发放了调查问卷，按如下程序确定了调研范围：通过公开出版的企业名录取得企业名单，限定企业属于制造业，随机选择500家企业作为调研对象。调研的基本程序是先与调研范围内的企业取得联系。联系人首先电话询问该企业的主要负责人是否有时间和兴趣参与调研，在得到对方同意后约定访谈时间，访问人按照约定时间到该企业进行调研，调研要求企业主要负责人在访问人指导下按第一反应当场回答问卷。问卷收回后，对收回的问卷进行检查，如果问卷的填满率低于95%或者问卷中连续出现相同回答，则视为无效问卷。本次调研共回收到131家企业的调研问卷，剔除无效问卷11份，最终有效问卷为120份。

（二）变量的度量

本研究涉及的因素都是程度的概念，很难通过定量数据来表达，因此采用李克特5点计分法来度量这些因素。在设计具体度量指标时，通过文献检索查找已被前人使用过并被证明是有效的度量指标。

对于应用性学习和探索性学习，本文采用Atuahene-Gima[1]以及He和Wong[2]所使用的度量指标。其中，应用性学习用5个指标进行度量：①公司注重巩固我们所熟悉的产品和技术的现有知识与技能；②公司注重将资源投入应用成熟技术的技能上以提高生产率；③公司注重提高逐步改进现有客户

---

[1] Atuahene-Gima K.Resolving the capability-rigidity paradox in new product innovation [J]. Journal of Marketing, 2005, 69 (4): 61-83.

[2] He Z L, Wong P K.Exploration vs. exploitation: An empirical test of the ambidexterity hypothesis [J].Organization Science, 2004, 15 (4): 481-494.

问题解决方案的能力；④公司注重巩固现有产品开发流程的技能；⑤公司注重通过提升项目知识与技能来提高现有创新活动的效率。探索性学习用 5 个指标进行度量：①公司注重获取全新的制造技术与技能；②公司注重学习行业内全新的产品开发方法与流程；③公司注重获取全新的管理与组织方法来提高创新的效率；④公司注重率先掌握某些领域的新技能；⑤公司注重提高在未知领域的创新技能。

参考 Chandy 和 Tellis[①] 以及 Atuahene-Gima 的研究，突变创新的度量指标为：①与竞争对手相比，公司创造的全新产品更多；②与竞争对手相比，公司在新产品中引入全新功能的程度更高；③公司经常在全新的市场中引入突变创新产品。渐进创新的度量指标为：①与竞争者相比，公司改进现有的工艺与产品更多；②与竞争者相比，公司应用现有技术更多；③与竞争者相比，公司较多地引入了渐进创新产品。企业绩效使用了经济学家李海洋和张燕教授在相关研究中度量中国企业绩效的指标[②]，相对于主要竞争对手，公司在如下方面表现如何：销售的增长，利润的增长，资产回报率，投资回报率，市场份额的增长，企业运作效率，销售回报率，现金流状况。

大量研究发现企业规模及企业年龄对绩效有重要影响，所以企业规模和企业年龄成为本文使用的控制变量，同时，环境不确定对企业绩效有显著影响，环境不确定包含技术、需求和竞争的不确定[③]，因此技术不确定、需求不确定和竞争不确定也是本文重要的控制变量。参考 Jaworski 和 Kohli 以及 Su[④] 等的研究，本文对技术不确定的度量指标为行业中技术的变革和发展非常

---

① Chandy R K, Tellis G J.Organizational for radical product innovation：The overlooked role of willingness to cannibalize［J］.Journal of Marketing Research，1998，35（4）：474-487.

② Li H, Zhang Y.The role of managers' political networking and functional experience in new venture performance：Evidence from China's transition economy［J］.Strategic Management Journal，2007，28（8）：791-804.

③ Jaworski B J, Kohli A K.Market orientation：Antecedents and consequences［J］.Journal of Marketing，1993，57（3）：53-70.

④ Su Z F, Xie E, Wang D, et al.Entrepreneurial strategy making，firm resources，and performance：Evidence from China［J］.Small Business Economies，2011，36（2）：235-247.

迅速；需求不确定所使用的指标是很难预测市场需求的变化；竞争不确定的度量指标为公司面临的市场竞争非常激烈。

（三）分析与结果

在验证假说前，本文先对各因素的可靠性进行分析。因素的可靠性 α 值大于 0.7 就是可以接受的，测量因素的各个变量的载荷值大于 0.7 就是有效的[①]。对各因素分析的结果见表 1，结果显示，各因素及相应变量的 α 值与因素载荷都达到有效性标准，这表明测量指标具有很好的信度和效度。

表 1　变量的信度和效度分析

变量	α	指标	载荷	变量	α	指标	载荷	变量	α	指标	载荷
应用性学习	0.870	1	0.738	探索性学习	0.927	1	0.845	企业绩效	0.942	1	0.815
		2	0.809			2	0.921			2	0.868
		3	0.867			3	0.912			3	0.882
		4	0.845			4	0.853			4	0.863
		5	0.810			5	0.870			5	0.833
突变创新	0.939	1	0.943	渐进创新	0.920	1	0.947			6	0.783
		2	0.951			2	0.917			7	0.826
		3	0.940			3	0.922			8	0.883

本文采用多元回归分析法验证提出的假设。验证过程分为两步：①分析主效应（渐进创新和突变创新）对企业绩效的影响；②在模型中加入调节变量（探索性学习和应用性学习）以及调节变量和主效应的交互项来分析调节作用（参见表 2）。

[①] Fornell C，Larcker D F.Evaluating structural equation models with unobservable variables and measurement error [J].Journal of Marketing Research，1981，18（1）：39–50.

表 2　回归分析结果

变量	模型 1	模型 2
企业规模	0.034	−0.087
企业年龄	0.308***	0.361***
技术不确定	0.376***	0.415***
需求不确定	0.290***	0.140
竞争不确定	−0.233**	−0.297**
渐进创新	0.108	0.178
突变创新	0.105	0.286**
应用性学习		−0.342*
探索性学习		−0.130
突变创新 × 探索性学习		0.639***
渐进创新 × 探索性学习		−0.529***
突变创新 × 应用性学习		−0.637***
渐进创新 × 应用性学习		0.506***
R^2	0.356	0.522
调整后的 R^2	0.244	0.310
F 值	3.174***	2.464**

注：*$p < 0.05$；**$p < 0.01$；***$p < 0.001$

通过分析结果可以发现探索性学习正向调节突变创新与企业绩效的关系（β=0.639，$p < 0.001$），支持了假设 1；同时，探索性学习负向调节渐进创新与企业绩效的关系得到了分析结果的支持（β=−0.529，$p < 0.001$），假设 3 得到了支持。对于应用性学习的调节作用，我们发现应用性学习负向调节突变创新与企业绩效的关系（β=−0.637，$p < 0.001$），但其正向调节渐进创新与企业绩效的关系（β=0.506，$p < 0.001$），因此假设 2 和假设 4 也得到了分析结果的支持。

四、讨论

本文研究发现探索性学习正向调节突变创新与企业绩效的关系，负向调节渐进创新与企业绩效的关系；应用性学习负向调节突变创新与企业绩效的关系，正向调节渐进创新与企业绩效的关系。结果表明在获取创新收益的过程中，需要实现企业知识和创新的有效匹配。突变创新脱离了现有的技术轨道，包含了全新的知识，所以在获取其收益过程中企业也需要通过开展探索性学习来满足其对全新知识的需要，以保证其商业化的成功；渐进创新以企业现有的知识为基础，在将其推向市场的过程中，通过开展应用性学习来丰富现有的知识。

本文的理论贡献主要体现在两个方面：①对创新研究的贡献。本文分析了组织学习对企业获取创新收益的影响，发现探索性学习可以帮助企业获取突变创新的收益，而应用性学习有助于获取渐进创新的收益。目前的研究结论对创新与企业绩效关系的认识上存在明显的不一致，这其中一个重要原因是忽略了会对企业获取创新收益产生影响的其他要素[1]。本文研究发现组织学习可以对创新与企业绩效的关系产生调节作用。同时，本文的研究不仅支持了创新与企业绩效的关系会受到其他要素影响的观点，而且有效地解决了创新与企业绩效关系研究结论不一致的问题。②对组织学习研究的贡献。在此之前对组织学习的研究分析了组织学习对创新的影响，而对组织学习在获取创新收益过程中的作用没有研究。本文发现组织学习对企业获取创新收益也有重要的影响作用，这就更加全面地分析了组织学习对创新的影响作用，填补了目前对组织学习与创新关系研究中的一项空白。

本文也有很好的实践价值，具体体现在以下两个方面：①发现探索性学习正向调节突变创新与企业绩效的关系，而应用性学习负向调节突变创新与

---

[1] March J G. Exploration and exploitation in organizational learning [J]. Organization Science, 1991, 2 (1): 71-87.

企业绩效的关系。因此，企业在将突变创新推向市场的过程中，要积极开展探索性学习。同时，企业要注意应用性学习的不利影响，保证企业有效地获取突变创新的收益。②发现探索性学习负向调节渐进创新与企业绩效的关系，而应用性学习正向调节渐进创新与企业绩效的关系。也就是说，在获取渐进创新收益的过程中，应用性学习发挥了积极的作用，而探索性学习反而产生了不利的影响。在商业化渐进创新时，企业应积极开展应用性学习，同时注意探索性学习的阻碍作用，保证有效地获取渐进创新的收益。综上所述，本文的研究为企业如何通过开展组织学习以获取不同类型的创新收益提出了具有针对性的研究结论，对企业获取创新收益有重要的指导意义。

本文的局限性以及未来的研究建议：①本文的数据来自陕西省的制造企业，这种地域性限制可能会对研究结论的普适性产生影响，未来的研究可以在全国范围内选择企业作为研究对象来提高研究结论的普适性；②本文使用了主观的绩效指标，尽管这些指标在问卷调查研究中是有效和可接受的，但加入一些客观的绩效指标会更具说服力；③多种要素在企业获取创新收益的过程中发挥作用，而本文仅仅研究了组织学习的作用，未来的研究需要进一步地分析和识别其他要素的作用。

控制机制对企业获取创新绩效的影响研究*

在当今的金融危机背景下,许多企业意识到单纯地依赖外部订单,用生产、加工、制造、服务等低附加值的方式来提高企业绩效不再可行。企业已经将更多的资源投入自主创新活动,期望通过产品或服务的升级和变革来抓住市场机会,满足消费者需求。尽管许多企业投入了大量的资源开发新产品,但是这些创新性的产品或服务没能有效地进行商业化,也没有获得市场的认可,甚至没有帮助企业提高财务绩效和竞争优势。造成这些问题的核心原因是:企业简单地认为创新成功就等于绩效增长,而忽略了采用有效的控制机制来管理创新,并帮助企业通过创新性的产品或服务获取财务收益和长期竞争优势。

另外,从理论研究来看,有 2/3 的文献发现创新与企业绩效呈正相关的关系,其余的文献则认为创新与企业绩效呈负相关关系或没有关系[1]。造成大量文献研究结论不一致的原因就是这些研究忽略了企业获取创新收益过程中的关键影响因素,换句话说,企业在获取创新收益过程中的"黑盒"问题一直没有得到解决,企业的控制机制在获取创新收益过程中的作用机理没有得到充分的理论分析和实证检验[2]。因此,从理论上解决企业获取创新收益的过程问题,对扩展现有理论研究和指导企业管理实践都有着重要的意义。

---

* 本文原载于《科学学研究》2010 年第 8 期,与陈永广合作,收入本书时有改动。
① Capon N, Farley J U, Hoenig S.Determinants of financial performance: a meta-analysis [J]. Management Science, 1990, 36 (10): 1143-1159.
② Li H, Atuahene-Gima K.Product innovation strategy and the performance of new technology ventures in China [J].Academy of Management Journal, 2001, 44 (6): 1123-1134.

那么，企业在获取创新收益的过程中其控制机制到底发挥着怎样的作用？企业不同的控制机制对获取不同类型的创新收益有着怎样的影响？针对这些研究问题，本文将构建企业创新、控制机制和企业绩效之间的概念模型，目的在于重点解决企业的控制机制如何管理创新产出，并帮助企业有效地获取创新收益，提升长期竞争优势的问题。这不仅可以弥补现有理论研究的不足，也为企业开展创新活动、管理创新实践提供强有力的理论支持和依据。

一、文献综述

（一）创新与企业绩效

如今，随着社会的快速发展，越来越多的企业认识到创新的重要性，它是帮助企业获得先动优势和提升财务绩效的有效手段之一。同时，有效的创新可以帮助企业改变现有的市场竞争结构，适应快速变化的不确定环境和多元化的市场需求①。因而，企业的成功创新将对企业的生存和发展有着极其重要的意义②。许多学者对创新的研究都采用分类的视角，根据创新的不同幅度而将创新分为突变创新和渐进创新两种③。这两种类型的创新的特点大不相同（见表1）。突变创新强调了企业创造了全新的技术产品或服务，是首次向市场进行商业化的创新输出，它是不连续的和全新变革的，其创新结果与现有创新实践完全不同④。此外，突变创新商业化的目的是吸引新客户并满足其潜在的新需求，为企业奠定新的竞争基础，适用于企业长远的竞争战略并提升企业长期

---

① Li H, Atuahene-Gima K.Product innovation strategy and the performance of new technology ventures in China [J].Academy of Management Journal, 2001, 44（6）：1123-1134.

② Teece D J.Profiting from technological innovation：Implications for integration, collaboration, licensing and public policy [J].Research Policy, 1986, 15（6）：285-305.

③ Van de Ven A H.Central problems in the management of innovation [J].Management Science, 1986, 32（5）：590-607.

④ Chandy R K, Tellis G J.Organizing for radical product innovation：The overlooked role of willingness to cannibalize [J].Journal of Marketing Research, 1998, 35（4）：474-487.

竞争优势[1][2]。但是突变创新的周期较长，成本较高，风险更大，它需要全新的资源支持，其开发过程和开发结果的商业化都面临着不确定性，要么帮助企业实现先动优势，要么耗尽企业的资源而导致企业衰败。因而，有效地管理和控制突变创新的输出，建立适应的控制机制是突变创新成功商业化的重要保障。

表1 突变创新和渐进创新的特点比较

要素	突变创新	渐进创新
顾客需要	新顾客、新需求	现有主流顾客
竞争基准	新的竞争基础	原有竞争基础
效用特点	适用于长远战略	优于现有竞争
生命周期	诱发新产品	延伸现有产品
资源要求	全新的资源支持	现有资源
应用领域	宽泛的领域	较窄的空间
市场类型	新市场开拓	旧市场巩固
生产技术	新技术、原料、工艺、知识、网络等	旧有系统和平台
变化程度	根本变化	稳定变化
结果新颖度	高	低
成本和风险	高成本、高风险	低成本、低风险
创新周期	长期	短期
发生频率	罕见、间断	频繁、连续
战略意义	提高长期竞争优势	提高短期财务绩效

资料来源：赵历男.不同战略导向的企业柔性对技术创新选择的影响分析[D].西安：西安交通大学，2007.

与突变创新不同，渐进创新强调企业改进和提升现有技术产品或服务，是向已有市场持续商业化的创新输出，它是频繁连续的和局部改进的，其创

---

[1] Ven V D, Andrew H.Central problems in the management of innovation [J].Management Science, 1986, 32 (5): 590-607.

[2] Chandy R K, Tellis G J.Organizing for radical product innovation: The overlooked role of willingness to cannibalize [J].Journal of Marketing Research, 1998, 35 (4): 474-487.

新结果是在现有创新实践基础上发展而来的①。同时，渐进创新商业化的目的是提升现有主流客户的忠诚度，是建立在原有的竞争基础之上的，适用于企业短期的竞争战略和提升财务绩效。渐进创新的周期较短，成本较低，风险更小，它仅仅需要现有资源的支持，其开发过程和开发结果的不确定性较低，对企业来说属于较为稳定的创新模式。但是，正是由于其是对现有技术的巩固而不是全新的产品概念，拥有的应用空间较窄，很可能起不到吸引新客户、开拓新市场的作用。尤其在环境不确定的市场竞争中，渐进创新很难打破现有的技术产品服务模式，帮助企业占领全新的市场竞争领域，保持企业长期的竞争优势②③。因此，渐进创新的成功商业化也需要有效的管理控制机制来保障，使其能够更好地满足现有市场的需求，避免渐进创新的市场投入失败。

关于创新对企业绩效的影响，尽管许多研究认同不同类型的创新可以提高企业短期财务绩效和长期竞争优势④⑤，但也有研究认为创新不利于企业绩效的提升⑥，因为市场中的后进入者或模仿者反而比创新者获得更好更多的财务收益⑦。这些研究结论的不一致说明虽然可以看到创新活动为企业带来明显的财务收益，但从事创新的企业并不一定能有效地进行创新商业化并

---

① Ettlie J E.Organizational policy and innovation among suppliers to the food processing sector [J]. Academy of Management Journal, 1983, 26 (1): 27–44.

② Van de Ven A H.Central problems in the management of innovation [J].Management Science, 1986, 32 (5): 590–607.

③ Dewar R D, Dutton J E.The adoption of radical and incremental innovations: An empirical analysis [J].Management Science, 1986, 32 (11): 1422–1433.

④ Capon N, Farley J U, Hoenig S.Determinants of financial performance: a meta-analysis [J]. Management Science, 1990, 36 (10): 1143–1159.

⑤ Koellinger P.The relationship between technology, innovation, and firm performance—Empirical evidence from e-business in Europe [J].Research Policy, 2008, 37 (8): 1317–1328.

⑥ Goldenberg J, Lehmann D R, Mazursky D.The idea itself and the circumstances of its emergence as predictors of new product success [J].Management Science, 2001, 47 (1): 69–84.

⑦ Teece D J.Profiting from technological innovation: Implications for integration, collaboration, licensing and public policy [J].Research Policy, 1986, 15 (6): 285–305.

获取创新收益[①]。造成这种现象的核心原因是这些研究都忽略了许多影响企业获取创新收益的重要因素[②]。针对这一理论空白,Li 和 Atuahene-Gima 研究分析了企业的外部环境和战略模式对企业获取创新收益的影响作用[③];国内学者李垣和苏中锋研究讨论了企业的协调柔性和资源柔性如何帮助企业获取突变创新收益和渐进创新收益[④]。尽管已有研究开始关注并识别了一些重要因素对企业获取创新收益的影响,但是这些因素不能彻底填补这一理论空白,仍然需要更多的研究通过识别其他的关键因素来填补理论不足和扩展理论。

(二)企业控制理论

企业控制理论研究中的许多学者已经将兴趣集中到对企业技术创新行为的研究领域。因为成功地实现创新并获取创新收益必须要求企业能够对创新活动和市场化过程中存在的风险进行有效的控制[⑤]。选择何种控制机制,从而降低创新带来的风险,是企业控制理论在创新领域中的主要研究问题。企业的"控制过程"就是企业调整、规范组织行为和活动过程以保证其实现组织目标的过程[⑥]。Anderson 和 Oliver 指出"控制机制"是用来调整组织行为并确保它们能够与既定目标相一致或相吻合的管理机制,它是组织管理能够有效运行

---

① Koellinger P.The relationship between technology, innovation, and firm performance—Empirical evidence from e-business in Europe [J].Research Policy, 2008, 37 (8): 1317-1328.

② Li H, Atuahene-Gima K.Product innovation strategy and the performance of new technology ventures in China [J].Academy of Management Journal, 2001, 44 (6): 1123-1134.

③ Li H, Atuahene-Gima K.Product innovation strategy and the performance of new technology ventures in China [J].Academy of Management Journal, 2001, 44 (6): 1123-1134.

④ 李垣,苏中锋.战略柔性对企业获取创新收益的影响研究 [J].科学学研究,2008,26 (2): 414-418.

⑤ Paula V V, Martin W.Strategic control: meshing critical success factors with the balanced scorecard [J].Long Range Planning, 2002, 35 (4): 407-427.

⑥ 龚毅.利益主体、控制方式与企业创新选择关系的实证研究 [D].西安:西安交通大学, 2004.

的核心要素[1]。尤其在企业的创新活动中,"控制"联结着涉及创新活动的所有管理职能,确保企业的创新实践和创新战略目标相匹配、相协调、相一致。企业常常利用有效的控制方式来常规化他们的创新行为,推动非路径化的新知识学习、风险承担和有效的创新产出[2]。因而,为了实现统一的创新目标(获取创新收益),针对不同的控制对象(渐进创新和突变创新),应当采用不同的控制机制方式对不同类型的创新进行有效的控制。Eisenhardt 提出了基于组织绩效评价的针对不同组织活动的两种组织控制战略机制[3]:过程控制(behavior-based control)和结果控制(outcome-based control)。

Eisenhardt 认为,过程控制更多地关注组织活动过程中的行为方式,也就是关注在组织目标的实施过程中各种能够提升组织绩效的活动方式、方法以及行为规则、政策、程序等[4]。过程控制方式的控制频率较高,控制较细,能够不断地纠正组织目标实施过程中的各类偏差,以保证组织活动顺利地向既定的组织目标进行并完成绩效提升。过程控制的本质是控制了在完成某一组织目标中从事组织活动的组织成员的具体行为,因此也被称为行为控制。与过程控制不同,结果控制更多地关注某项组织活动的最终实际完成情况,而不关心在完成各种组织活动中的具体行为方式、方法、程序及规则等[5]。结果控制的控制频率较过程控制低,控制较粗,主要强调预先确定的组织目标、控制标准对实际获得的组织绩效的比较、分析和评价[6],也就是说结果控制更

---

[1] Anderson E, Oliver R L.Perspectives on behavior-based versus outcome-based salesforce control systems [J] .Journal of Marketing, 1987, 51 (4): 76–88.

[2] Das T K, Teng B S.Between trust and control: Developing confidence in partner cooperation in alliances [J] .Academy of Management Review, 1998, 23 (3): 491–512.

[3] Eisenhardt K M.Control: Organizational and economic approaches [J] .Management Science, 1985, 31 (2): 134–149.

[4] Eisenhardt K M.Control: Organizational and economic approaches [J] .Management Science, 1985, 31 (2): 134–149.

[5] Eisenhardt K M.Control: Organizational and economic approaches [J] .Management Science, 1985, 31 (2): 134–149.

[6] Snell S A, Youndt M A.Human resource management and firm performance: Testing a contingency model of executive controls [J] .Journal of Management, 1995, 21 (4): 711–737.

多地依赖组织活动的结果评价并实施控制，它的控制较为离散，而非连续地对各个组织活动点进行管理控制。尽管两种控制战略方式有着不同的控制特征，对企业的创新目标、决策、实施过程以及获取的创新绩效收益等方面产生不同的影响①，但是过程控制和结果控制都可以直接影响企业战略目标实施过程中产生的绩效结果。

二、假设的提出

建立有效的管理控制机制是确保企业获取创新收益的重要策略，不同控制机制手段对企业获取创新收益产生着不同的作用。许多企业拥有很多新技术、新专利、新理念，却由于无法有效地付诸生产实践而使得企业绩效得不到提高。因为从新知识的创造到商业化的应用是一项复杂的系统工程，必须依赖于有效的控制机制来对其进行管理才能使得新知识产生实际收益。针对企业的创新活动，合理的控制机制方式恰恰是管理企业创新结果、确保创新产出成功商业化的重要手段。企业不同类型的创新产出——突变创新和渐进创新——实施商业化并获取创新收益的效果存在差异，同时不同的控制机制会导致不同类型的创新在提升企业创新收益的效果上存在差异，因而本文构建了如图1所示的研究框架来具体分析不同控制机制在企业获取不同类型的创新收益过程中的不同控制作用。

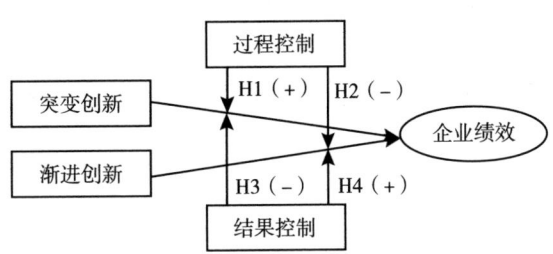

图1 研究框架的概念模型

---

① Simons R.How new top managers use control systems as levers of strategic renewal [J] .Strategic Management Journal, 1994, 15 (3): 169–189.

（一）过程控制的调节作用

过程控制体现了在组织活动中的"精细化"管理思想，它对整个创新商业化过程的管理较为频繁和严格，以保证创新的商业化风险最低。但是针对不同类型的创新商业化过程，过程控制则发挥了不同的作用，并不一定都是积极的作用，也有可能产生消极作用。企业的突变创新是首次向市场投放全新的技术产品和服务。这类创新的商业运作和市场化过程没有丰富的经验基础，对顾客的市场反应并无较大把握，市场的成功与否也充满了不确定性。因而，企业在获取突变创新收益的过程中风险较大，市场前景不明朗，环境的动态变化也迫使突变创新的商业化行为不断改变[①]。此时，当过程控制强度较高时，企业可以对整个突变创新的市场化行为进行管理控制，一方面可以不断收集市场反应信息和竞争信息，另一方面可以随时根据市场环境的变化调整自身的商业策略，并根据竞争对手的产品策略制定相应的产品营销方法、价格策略[②]。在较强的过程控制下，突变创新产品的市场投放过程管理较精细，各类风险随之降低，产品的商业化过程能够按照预定的市场目标进行运作。换句话说，过程控制使具备高风险的突变创新产品的商业化过程的风险降低，运作成本减少，商业化的成功概率和效率得到提升。因而，通过突变创新提升企业绩效的强度和效率得到提高与改善。

与之相反，渐进创新体现了对企业现有技术产品或服务的改进或改良，是建立在一定市场基础之上的再次投放到市场中的创新产品或服务[③]。由于渐进创新的风险较低，市场经验丰富，企业对已有客户的偏好和信息较为了解，因而对投放到市场后面临的市场反应和竞争者反应都具有相当的把握。同时，原有的产品或服务的营销策略、价格模式、促销手段、品牌形象为改进的新

---

① Chandy R K, Tellis G J.Organizing for radical product innovation: The overlooked role of willingness to cannibalize [J].Journal of Marketing Research, 1998, 35（4）: 474–487.

② Ouchi W G.A conceptual framework for the design of organizational control mechanisms [J].Management Science, 1979, 25（9）: 833–848.

③ Dewar R D, Dutton J E.The adoption of radical and incremental innovations: An empirical analysis [J].Management Science, 1986, 32（11）: 1422–1433.

产品或服务提供了较好的市场基础，顾客对该系列的产品较为了解和熟知。不断推出改进产品的目的就在于提升品牌形象，提高客户忠诚度，吸引潜在客户，使原有的针对该系列产品或服务的商业化策略更能有效地保证渐进创新的产品或服务很快地被市场和消费者所认同与接受[1][2]。此时，如果企业采用较强的过程控制，则不利于渐进创新产品或服务的成功商业化。一方面，成熟的渐进创新产品或服务的商业化过程并不需要高频率的控制方式，这不仅会增加渐进创新市场化过程中的交易成本，也会增加企业对获取创新收益过程的管理成本；另一方面，原有成熟的市场化策略已经受到市场和消费者的认可，高频率、高精度的过程控制很可能改变了原有的商业营销策略，使得市场和消费者必须重新审视和理解新产品与新服务的理念，降低了渐进创新产品和服务的市场化效率[3]。因而，过程控制降低了企业获取渐进创新收益的速度和效率。

综上所述，我们提出：

假设1　过程控制正向调节突变创新与企业绩效的关系；

假设2　过程控制负向调节渐进创新与企业绩效的关系。

（二）结果控制的调节作用

结果控制强调通过控制标准对预先确定的组织目标和实际获得的组织绩效进行比较、分析、评价，也就是说结果控制更多依赖对组织活动的实际绩效评价，然后实施调整、管理和控制。尽管结果控制并不是对组织活动的每个环节进行管理和控制，但是结果控制也有其优势，正是由于看似较松散

---

[1] Dewar R D, Dutton J E.The adoption of radical and incremental innovations: An empirical analysis [J].Management Science, 1986, 32 (11): 1422-1433.

[2] 赵历男.不同战略导向的企业柔性对技术创新选择的影响分析 [D].西安：西安交通大学, 2007.

[3] Ouchi W G.A conceptual framework for the design of organizational control mechanisms [J]. Management Science, 1979, 25 (9): 833-848.

的控制策略才使得企业在完成某些组织目标的过程中更具备柔性①。企业可以灵活地根据外部环境调整策略，只要最终完成预先设定的组织目标或获得预先期望的组织绩效即可。这种方法适用于较为成熟的、具备丰富经验的组织活动，而不适用于对未知领域的组织活动进行有效的、规范的控制。企业的突变创新具备高风险和极大的不确定性，其商业化行为是全新的未知领域的活动。如果企业不能在市场化过程中规范其运作方向、营销策略等价值环节，则很有可能使得突变创新的市场化行为失败。此时，当企业的结果控制强度高时，企业在关注突变创新的实施结果后做反馈性的控制调整，会使得突变创新在商业化过程中十分被动，同时管理人员很难正确、实时地把握和调整突变创新的营销策略以及制定对外部竞争者的反应策略。即使结果控制具备较高的过程柔性，但是在没有明确的管控目标时，突变创新的实施过程显得盲目和混乱，这使得企业在高强度的结果控制方式下无法有效地获取突变创新收益。

渐进创新具备一定的市场基础，无论是企业管理人员、营销人员，还是"市场竞争者"，还都对此类渐进创新产品较为熟知，具有一定的产品印象和理念理解，这对渐进创新的商业化过程非常有利。渐进创新的市场化目标是提高现有客户忠诚度、吸引潜在客户和提升品牌影响力②，其组织活动目标是明确的，营销过程和价格策略是相对稳定和成熟的，因而并不需要较精细的过程控制方式③。此时，企业采用较强的结果控制，对渐进创新产品的控制策略是基于渐进创新产品或服务的市场化结果而制定的，不断根据每个销售时间节点的销售财务绩效或市场化效果而进行新的管理控制的方法调整和策略制定。这样不仅降低了成熟稳定的渐进创新商业化过程中的管理成本，也增

---

① Anderson E, Oliver R L.Perspectives on behavior-based versus outcome-based salesforce control systems [J] .Journal of Marketing, 1987, 51（4）: 76-88.
② Ettlie J E.Organizational policy and innovation among suppliers to the food processing sector [J] .Academy of Management Journal, 1983, 26（1）: 27-44.
③ Eisenhardt K M.Control: Organizational and economic approaches [J] .Management Science, 1985, 31（2）: 134-149.

加了其市场营销过程中的柔性,使得这类成熟的产品营销可以根据具体客户需求进行调整,加快了渐进创新的成功商业化进程,增长了企业的创新绩效。

综上所述,我们提出:

假设 3 结果控制负向调节突变创新与企业绩效的关系;

假设 4 结果控制正向调节渐进创新与企业绩效的关系。

三、实证检验

(一)数据的收集

本次调研向陕西省 500 家制造业企业发放了调查问卷。我们按如下程序确定了本次调研的范围:首先通过公开出版的企业名录获得详细的企业名单,其次限定企业必须属于制造业的范畴,我们最终选择了 500 家企业作为调研对象。调研的基本程序是先与调研范围内的企业联系。联系人首先电话询问该企业的主要负责人是否有时间和兴趣参与本次调研。在得到对方的同意后约定访谈时间,访问人按照约定时间到该企业进行调研。调研要求企业主要负责人在访问人指导下按第一反应当场回答问卷。问卷收回以后,对其进行检查。如果问卷的填满率低于 95% 或者问卷中连续出现相同回答的,视为无效问卷。最终我们总共获得了 131 家企业的调研样本,其中剔除无效问卷 11 份,最终的有效问卷为 120 份。

(二)变量的度量

本文的指标测量采用了李克特 5 点计分的方法来度量。具体度量指标是建立在一定文献检索和查找基础之上的,所有设计的指标都是前人使用过并被证明是有效的度量指标。每个因素的具体度量指标如下:

文中过程控制和结果控制的度量指标来自 Snell(1995)以及 Govindarajan

和Fisher的研究[①][②]。其中，过程控制使用了如下的度量指标：①对员工业绩的评价更加注重过程和行为；②经常召开各种会议来讨论员工的绩效；③员工经常获得他们工作绩效的反馈；④通过行为来考核员工工作的质量；⑤贡献的质量是决定薪酬的主要因素。结果控制使用了如下度量指标：①对员工业绩的评价更加注重结果；②以提前确定的目标作为最后评价员工工作的基准；③大量的数量指标被用来评价员工最后的结果；④无论相对成绩如何，是否奖励员工取决于是否完成目标；⑤员工最终的薪酬与结果紧密挂钩。

基于Chandy和Tellis[③]以及Atuahene-Gima[④]的研究，突变创新的度量指标为：①与竞争对手相比，公司创造的全新产品更多；②与竞争对手相比，公司在新产品中引入全新功能的程度更高；③公司经常在全新的市场中引入突变创新产品。同样地，基于Chandy和Tellis以及Atuahene-Gima的研究，渐进创新的度量指标为：①与竞争者相比，公司改进现有的工艺与产品更多；②与竞争者相比，公司应用现有技术更多；③与竞争者相比，公司较多地引入了渐进创新产品。

根据Li和Zhang[⑤]的研究，笔者选取了其度量中国企业绩效的八个指标：①销售的增长；②利润的增长；③资产回报率；④投资回报率；⑤市场份额的增长；⑥企业运作效率；⑦销售回报率；⑧现金流状况。

大量研究发现企业规模及其年龄对绩效有重要影响，所以企业规模和年龄成为本文使用的控制变量。同时，环境不确定对企业绩效有显著影响，环

---

① Snell S A, Youndt M A.Human resource management and firm performance: Testing a contingency model of executive controls [J].Journal of Management, 1995, 21 (4): 711-737.

② Govindarajan V, Fisher J.Strategy, control systems, and resource sharing: Effects on business-unit performance [J].Academy of Management Journal, 1990, 33 (2): 259-285.

③ Chandy R K, Tellis G J.Organizing for radical product innovation: The overlooked role of willingness to cannibalize [J].Journal of Marketing Research, 1998, 35 (4): 474-487.

④ Atuahene-Gima K.Resolving the capability-rigidity paradox in new product innovation [J]. Journal of Marketing, 2005, 69 (4): 61-83.

⑤ Li H, Zhang Y.The role of managers'political networking and functional experience in new venture performance: Evidence from China's transition economy [J].Strategic Management Journal, 2007, 28 (8): 791-804.

境不确定包含技术不确定、需求不确定和竞争不确定[①]，因此技术不确定、需求不确定和竞争不确定也是本文重要的控制变量。

（三）分析与结果

表2对研究中各因素的可靠性和可信度进行分析。根据表中的结果可以看出，5个因子的信度值（Alpha值）都大于0.7，说明这些指标大体一致。同时，5个测量因子的各个指标的因子载荷值（Loading值）都大于0.7，说明这些指标具备较好的聚敛效度[②]。具体指标和信度效度值如表2所示。

表2 变量的信度和效度分析

变量	指标	载荷	Alpha	变量	指标	载荷	Alpha	变量	指标	载荷	Alpha
结果控制	1	0.861	0.874	过程控制	1	0.812	0.895	企业绩效	1	0.815	0.942
	2	0.811			2	0.840			2	0.868	
	3	0.780			3	0.913			3	0.882	
	4	0.778			4	0.833			4	0.863	
	5	0.851			5	0.799			5	0.833	
突变创新	1	0.943	0.939	渐进创新	1	0.947	0.920		6	0.783	
	2	0.951			2	0.917			7	0.826	
	3	0.940			3	0.922			8	0.883	

表3给出了基于多元回归分析的假设验证结果。模型的回归检验过程分为两步：首先，加入控制变量以及主效应，检验渐进创新和突变创新对企业绩效的影响；其次，在模型中加入调节变量，检验过程控制和结果控制对创新与企业绩效间关系的调节作用。具体的回归分析结果见表3。

[①] Jaworski B J, Kohli A K.Market orientation: antecedents and consequences [J].Journal of Marketing, 1993, 57 (3): 53–70.

[②] Fornell C, Larcker D F.Evaluating structural equation models with unobservable variables and measurement error [J].Journal of Marketing Research, 1981, 18 (1): 39–50.

表 3　回归分析结果

变量	模型 1	模型 2
企业规模	0.034	−0.190*
企业年龄	0.308***	0.258***
技术不确定	0.376***	0.297**
需求不确定	0.290***	0.275**
竞争不确定	−0.233**	−0.342***
渐进创新	0.108	−0.229*
突变创新	0.105	0.329***
过程控制		0.245***
结果控制		0.101
渐进创新 × 过程控制		−0.605***
渐进创新 × 结果控制		0.357***
突变创新 × 结果控制		−0.447***
突变创新 × 过程控制		0.729***
R^2	0.356	0.774
调整后的 R^2	0.244	0.599
F 值	3.174***	2.947**

注：*$p < 0.05$；**$p < 0.01$；***$p < 0.001$

由上表的实证结果可以看出，过程控制正向调节突变创新与企业绩效的关系（β=0.729，p<0.001），支持了本文的假设 1；过程控制负向调节渐进创新与企业绩效的关系（β=−0.605，p<0.001），支持了假设 2。同时，结果控制负向调节突变创新与企业绩效的关系（β=−0.447，p<0.001），支持了本文的假设 3；结果控制正向调节渐进创新与企业绩效的关系（β=0.357，$p < 0.001$），支持了本文的假设 4。模型的 R^2 值随着自变量的引入不断增加，说明该回归模型具有较好的拟合度。

四、讨论和结论

本研究通过实证检验了不同控制机制如何调节不同类型创新和企业绩效间的关系。实证结果发现，过程控制正向调节突变创新与企业绩效的关系，负向调节渐进创新与企业绩效的关系；结果控制负向调节突变创新与企业绩效的关系，正向调节渐进创新与企业绩效的关系。这些实证检验结果说明了，在企业获取不同类型的创新收益的过程中，建立有效匹配的控制机制是确保创新商业化和提高企业绩效的重要手段。本文的研究结论对现有理论研究和管理实践具有非常重要的贡献。

在理论研究中，一方面，本文的研究结合了创新理论和控制理论，有效检验了企业不同的控制机制如何影响不同类型创新的收益过程。同时，本文对控制机制调节作用的实证检验解开了企业获取创新收益过程的"黑盒"问题，揭示了现有理论关于创新和企业间关系研究结论不一致的重要原因：忽略了控制机制在获取创新收益过程中的功能和作用。另一方面，本文从控制机制的视角揭示了企业获取创新收益的效果差异，是控制理论在创新实践中的再次扩展。现有的研究主要集中于战略、环境和资源在创新收益过程中的作用，是静态的研究视角；而从控制视角研究创新管理问题，弥补了现有研究对获取创新收益过程中因素识别和分析的不足，也体现了不同控制机制对创新实践过程的动态管控作用，是对企业控制理论和创新理论研究的扩展。

本文的研究结论表明，在企业管理实践过程中，企业在开展不同类型的创新活动时应当重点关注并建立与创新类型相匹配的控制机制或控制方式，这样才能很好地确保具备不同风险、不同知识特征的创新能够成功地市场化并获取高额回报。具体地说，企业在完成突变创新商业化过程中应当采用过程控制方式，目的在于加强在突变创新市场实践过程中的风险控制和市场分析，以确保突变创新能够满足客户的潜在需求并逐渐引导和增加客户对突变创新产品与服务的青睐；同时，企业在完成渐进创新商业化过程中应当更多地采用结果控制方式，目的在于采用成熟的市场营销模式以保证渐进创新产品和服务能够被客户认可并提高其对企业产品和服务的忠诚度，避免受到过多管控而增加管理成本或者破坏原有市场商业化的积极效果，导致企业取得相反的消极的创新实践效果。综上所述，本文的研究为企业如何通过建立有效的控制机制和采用匹配的控制方式来获取不同类型创新的收益提供了具有针对性的理论支持，对企业获取创新收益有着重要的实践指导意义。

通过知识共享实现创新：基于权变视角的研究*

一、问题的提出

随着全球化和知识经济的发展，越来越多的企业转化为知识密集型企业[1]。作为企业知识管理的一项关键活动，知识共享通过知识交流提高现有知识的利用价值并不断产生新知识[2][3][4]，其对高水平创新所起到的关键作用已得到学术界的广泛认可[5][6]。如何提高知识共享效率和效果，以期更有效地实现创新目标，是一个值得持续关注的研究主题。

---

* 本文原载于《华东经济管理》2013年第10期，与郭海合作，收入本书时有改动。

[1] Alavi M, Leidner D E.Knowledge management and knowledge management systems: Conceptual foundations and research issues [J].MIS Quarterly, 2001, 25（1）: 107-136.

[2] 王艳子，罗瑾琏.组织自尊对员工创新行为的影响研究：基于知识共享的中介效应分 [J]. 华东经济管理, 2011, 25（7）: 97-99.

[3] De Luca L M, Atuahene-Gima K.Market knowledge dimensions and cross-functional collaboration: Examining the different routes to product innovation performance [J].Journal of Marketing, 2007, 71（1）: 95-112.

[4] Nonaka I A, Takeuehi H.The knowledge creating company [M].New York: Oxford University Press, 1995.

[5] 焦俊，李垣.联盟中显性知识转移和企业内部创新 [J].预测, 2007, 26（5）: 31-35.

[6] Hoskisson R E, Hitt M A.Strategic control systems and relative R&D investment in large multi-product firms [J].Strategic Management Journal, 1988, 9（6）: 605-621.

控制作为一种组织机制，具有通过规范员工行为或行为结果以实现组织目标的功能[1]。Ouchi（1979）指出组织控制有三种基本方式：①基于过程的行为控制；②基于产出的结果控制；③基于社会特性的事前控制，也称团体控制。在管理过程中，这三种控制方式都可以降低风险并提高效率[2]。Turner和Makhija（2006）将组织控制方式与知识管理活动结合起来，进一步指出不同类型的控制方式在不同属性的知识获取、转移以及应用过程中的有效性上存在差异[3]。据此推断，在知识共享的过程中，组织需要选择恰当的控制方式以更好地实现创新的目标。

虽然关于知识共享和创新的研究可谓汗牛充栋，但仍存在以下几点不足：①以往研究认为，控制机制往往降低组织的柔性，抑制创造性的想法，不利于创新的实施[4]。事实上，控制可以降低创新过程中的风险，通过严格控制工作的流程和行为，制定明确的目标或通过共享价值观、文化、信念等手段，提高员工工作效率和保证工作绩效[5]，因此有效的选择与使用控制机制可以促进创新的提高和创新目标的实现。但将组织控制机制引入创新的研究框架并和知识管理活动相结合，这在以往的研究中是很少见的。②Turner和Makhija（2006）的研究指出，不同控制方式对于知识管理各个阶段的直接影响存在差异，而组织控制作为调节变量间接影响知识共享与创新的关系，还需要进一步的分析和论证。③针对中国转型经济的特殊背景，中国企业往往

---

[1] Hoskisson R E, Hitt M A.Strategic control systems and relative R&D investment in large multiproduct firms［J］.Strategic Management Journal，1988，9（6）：605–621.

[2] Ouchi W G.A conceptual framework for the design of organizational control mechanisms［J］.Management Science，1979，25（9）：833–848.

[3] Turner K L，Makhija M V.The role of organizational controls in managing knowledge［J］.Academy of Management Review，2006，31（1）：197–217.

[4] Jensen M C.The modern industrial revolution，exit，and the failure of internal control systems［J］.the Journal of Finance，1993，48（3）：831–880.

[5] Hoskisson R E, Hitt M A.Strategic control systems and relative R&D investment in large multiproduct firms［J］.Strategic Management Journal，1988，9（6）：605–621.

面对不断变化的环境[①],因此,环境动态性是否会影响到控制机制作用的发挥? 中国企业在动态环境下又该如何选择控制方式以保证知识共享有效地实现创新? 这是以往研究中没有涉及的问题。

本文将组织控制机制引入知识共享与创新的研究框架,根据行为控制、结果控制与团体控制的使用前提和作用机理,分析在知识共享实现创新的过程中,中国企业应该选择何种控制方式以更好地实现预期创新目标。这一问题的研究对中国企业管理者在知识共享实现创新的过程中,如何根据外部环境选择适合的控制方式,具有一定的实际指导意义。

二、理论背景

(一)组织内知识共享

知识管理理论指出,知识共享是知识管理活动中最重要的环节,它是指企业成员之间通过各种沟通媒介和交流方式来实现知识的转移与交换,从而提高知识的利用价值并实现知识的效应。学者们指出,知识共享作为个体知识转化为组织知识的纽带,能够提高企业的竞争优势和创新能力。一方面,内部知识共享是知识在企业得以应用的前提。Nonaka(1994)指出,企业必须通过有效的知识共享才能最大限度地利用现有知识。Spencer(2003)认为,企业通过外部获取和内部积累的知识,只有在内部充分共享后,才能实现其价值并促进企业的创新活动;同时,由于知识共享为企业成员之间相互了解和吸收对方的新知识提供了机会,促进了知识的碰撞和新思想的产生,学者们将知识共享视为创造新知识的重要活动。

(二)组织控制机制

组织控制理论认为,控制可以使企业工作按照预定的计划进行,是企

[①] Peng M W.Institutional transitions and strategic choices [J] .Academy of Management Review, 2003, 28 (2): 275-296.

业目标实现的有力保证。有效的内部控制系统通过促进不同部门之间信息和资源的共享，帮助管理者更加有效地监督和激励员工行为按照既定目标进行。在共享知识应用到创新的管理过程中，为了控制创新风险，鼓励员工知识创新，企业需要正确地利用管理控制机制。Eisenhardt（1985）、Snell（1992）的研究指出，组织控制的方式有三种：①基于过程的行为控制。这种控制强调明确规定员工的岗位权责，按照既定的流程和标准完成任务。②基于产出的结果控制。根据员工完成的工作绩效给予奖励和惩罚，如可以用财务收益指标考核经理人员。③团体控制。这种控制方式强调工作前利用培训和价值输入，使员工能够接受和理解组织的文化，了解自身的使命，并通过承诺给予员工更多的工作机会以提高其工作的积极性。

控制机制的选择首先依赖信息或知识的属性，当基于过程的知识是显性、完备且单一的时候，即当行为与结果的因果关系是确定的情况时，行为控制最为有效；当关于绩效的标准被确立并被应用于实施监控和结果评价时，结果控制最为有效；当基于过程和结果的知识都是隐性的、不完备且多样的情况时，使用具有社会特性的团体控制最为有效。在此基础上，Snell 和 Youndt（1995）发现，外部环境的特征也会影响控制方式选择。当现有产品与市场脱节，企业倾向制定明确的目标而不是基于过程中的因果信息来控制员工的行为。在上述关键要素阐述和文献回顾的基础上，提出了本文的概念模型（见图 1）。

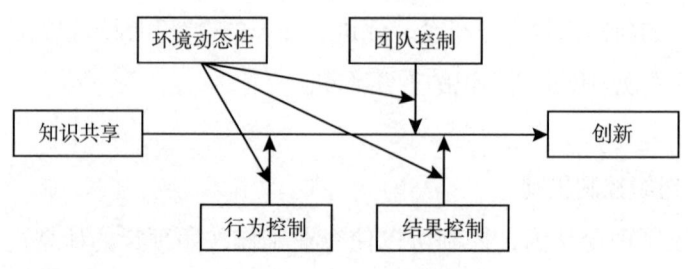

图 1　本文的研究框架

三、假设的提出

（一）知识共享对创新的影响

企业内部知识共享有利于创新活动展开的原因有两个：第一，知识共享提供了一个不同部门间互相学习的机会。Sabherwal（2005）认为，通过交流可以消除信息不对称，促进了合作和知识转移的发生。Hen-driks（1999）指出，企业内部知识共享为个人知识、部门知识提供了平台，使现有知识可以根据新的使用者的需要而组合、变化以及利用。王龙伟指出，企业内部的信息交流会提高组织能力从而促进企业的创新。第二，知识交流可能成为新知识产生的起点。在共享交流的过程中，来自某个人、某个团队的方法、思想往往能帮助他人或另一个团队创造新知识、识别新机会，并由此促进企业的创新。特别对于隐性知识来说，其作为员工的创造性知识和思想的体现存在于员工的头脑中，难以明确地被他人观察和了解，只能通过面对面的交流传授才能得以传递和应用。

假设1：知识共享能够有效地促进企业创新。

（二）行为控制的调节作用

根据组织控制理论，选择适当的控制方式可以提高员工知识活动的效率，保证创新的实现。但不适当的控制机制往往降低组织的柔性，抑制创造性想法的产生，不利于创新的实施。我们认为，行为控制会负向调节知识共享与创新的关系，这主要基于以下几点原因：首先，行为控制强调企业利用明确的岗位权责和工作流程来管理员工平时的行为，这样的控制方式对于重复性、常规性的工作来说，有利于提高知识应用的效率。但对于新颖性、非常规性和高风险性的创新来说，严格的流程和刻板的工作权责说明反而限制了员工的主观能动性，降低了将共享的知识应用到创新活动中的可能性。其次，组织控制理论强调行为控制的适用情境是基于过程的知识是显性的，而创新往往需要应用大量的隐性知识，要求员工能够灵活地处理各种可能发生的情况，不受规范和流程的严格限制，因此无法提供完备、单一和显性的关于过程的信息，不利于行为控制的开展。最后，行为控制强调对员工日常行为的近距离观察，这种工作环境给予员工更大的压力，使员工倾向于按章行事，抑制了员工的创造性和自主性，不利于将共享知识应用到创新活动上。

假设2a：行为控制负向调节知识共享与创新的关系。

（三）结果控制的调节作用

相比之下，结果控制在评价业务层管理人员的业绩时，一般采用客观、具体的指标，如投资收益、专利数等。在这种控制方式下，上级管理者给公司每一个业务确定具体的目标，并根据目标的完成情况来评价业务层管理人员的绩效。当关于知识创新过程的因果知识不完备，但组织可以制定明确的创新目标时，结果控制是一种更为有效的控制方式。

一方面，根据目标制定理论，合适的目标可以提高工作效率[①]。当创新目标明确制定，并且结果控制下的创新结果与绩效考核密切相关时，员工被有效激励，从而产生更大的动力将知识应用到创新活动中。另一方面，结果控制有利于发挥员工知识创新的主观能动性。Das和Teng（2001）指出，为了提高研发人员的工作效率，组织应该避免制定过于详细与严格的工作流程和规范，相反，应该通过建立明确的创新目标，营造更为自治的工作氛围，以此有效地激励研发人员[②]。因此，在结果控制下，员工在日常工作中拥有更多制定决策的权力，有一种被信任感和成就感，可能提供更加多样、具有柔性的解决方案，从而能够更富创造性地将共享知识应用到创新活动中。实践表明，高科技企业对于研发人员的管理，往往不是严格控制其上班时间、日常工作行为，而是考核其最终的研发产出。

---

① Locke E A, Latham G P.A Theory of Goal Setting and Task Performance［J］.Academy of Management Review, 1991, 16（2）：480–483.

② Das T K, Teng B S.Trust, control, and risk in strategic alliances: An integrated framework［J］. Organization Studies, 2001, 22（2）：251–283.

假设 2b：结果控制正向调节知识共享与创新的关系。

（四）团体控制的调节作用

Snell（1992）指出，团体控制是一种旨在降低风险发生概率、为实现预期目标而采取的一系列预先的积极主动防范措施的控制方式，采用的主要手段是对员工进行入职培训、协助员工提高工作技能、向员工承诺日后会有更好的发展机会以及努力熏陶员工理解和执行企业的文化与理念[①]。通过团体培训，员工不仅建立了对企业的忠诚度，也更好地了解了企业的运作和管理状况，同事之间、上下级之间初步建立了信息沟通机制，使知识得以更好地表达和交流，有效地支持了创新活动的开展。同时，团体控制作为一种事前控制，强调营造理解与和谐的团队氛围，为知识创新提供更为开放和自由的环境，员工因而更乐意分享和应用所掌握的隐形知识，从而起到知识共享、信息交流互补的作用。

假设 2c：团体控制正向调节知识共享与创新的关系。

（五）环境动态性的二次调节作用

Peng（2003）指出，中国正处于转型经济和过渡经济的特殊时期，其显著特点就是外部环境的不确定性和动态性[②]。因此，中国企业的管理者在经营决策时需考虑环境动态性可能带来的影响。已有研究指出环境的特征会影响控制机制作用的发挥[③]。本文认为在动态环境下，行为控制的使用更不利于知识共享与创新的实现。在动态环境下，关于技术、市场以及消费者等的信息随时变化，坚持原有的工作流程、标准可能造成组织僵性，禁锢组织的创新活动开展。同时，行为控制有效使用的前提是具备完备的、基于过程的知识，

---

① Snell S A, Youndt M A.Human resource management and firm performance: Testing a contingency model of executive controls [J].Journal of Management, 1995, 21（4）: 711–737.

② Nonaka I.A dynamic theory of organizational knowledge creation [J].Organization Science, 1994, 5（1）: 14–37.

③ Snell S A.Control theory in strategic human resource management: The mediating effect of administrative information [J].Academy of Management Journal, 1992, 35（2）: 292–327.

而在环境性高的情况下，基于过程与结果的因果知识随时过时、失效，从而导致行为控制失败。

同时，在环境动态性高的情况下，企业需要随时根据环境的变化和市场的需求来改变自身的经营目标，因此难以制定一个长期确定的创新目标，这在一定程度上降低了结果控制的有效性[①]。并且，环境动态性高更加剧了创新的风险，而结果控制下的员工必须承担创新造成的财务风险[②]，出于经济人自利的考虑，员工不倾向将知识应用于投入高回收但短期财务不见效的创新上，而是选择将知识应用到熟悉的、常规的项目中以保证短期内收益的可靠性。因此，环境动态性下产生的短视行为导致行为控制正向调节的作用降低。

但是，在环境动态性高的情况下，团体控制对于知识共享与创新的正向调节作用会增强。由于团体控制是使用社会特性，如企业文化、承诺、传统、信念等进行控制，强调组织共享的价值观念和组织成员之间的相互信任，在动态环境下更具有稳定性，员工无须担心由于创新工作失败而导致经济利益受损和社会认可度下降，避免出现规避创新风险的短视行为，并利用企业文化、信念和承诺等激发员工将知识应用到创新上的积极性和热情。同时，团体控制专注于员工的培训和职业发展，保证员工对于企业目标的理解和认同，在动态环境下形成有利于创新的和谐氛围。以往研究指出，当组织中的问题具有模糊性或不确定性时，团体控制是一种最为重要的控制方式。

假设3a：环境动态性加剧了行为控制对知识共享与创新关系的负向调节作用。

假设3b：环境动态性削弱了结果控制对知识共享与创新关系的正向调节作用。

[①] Snell S A, Youndt M A.Human resource management and firm performance: Testing a contingency model of executive controls [J].Journal of Management, 1995, 21 (4): 711-737.

[②] Eisenhardt K M.Control: Organizational and economic approaches [J].Management Science, 1985, 31 (2): 134-149.

假设 3c：环境动态性增强了团体控制对知识共享与创新关系的正向调节作用。

四、研究方法

（一）样本和数据收集

本研究采用问卷调研的研究方式，向西安某高校来自全国的在职攻读 EMBA、MBA 学员以及企业管理人员短训班学员发放问卷。对于来自同一企业的学员，只请其中一人填写问卷，最终我们共收回 119 份完整有效的问卷，有效回收率为 59.5%。同时，我们对样本的代表性和非返回偏差进行了检验，通过比较返回企业和非返回企业在行业、销售额等指标上的差异，发现这些变量以及变量间的关系都不存在显著的差异，因而非返回偏差对本研究的结果没有显著的影响。

（二）变量测量

指标度量采用李克特七点计分的方法来度量，问卷要求回答者按"1~5"的数字来衡量对特定问题的赞同程度，"1"表示程度最低，"5"表示程度最高。所有测量指标均建立在以往文献研究的基础上。

1. 知识共享

基于 Hansen（2002）[1] 的研究，我们利用四个指标测量该变量：①组织成员约定通过交流不断地相互学习；②组织经常分析不成功的案例并且通过交流广泛学习；③组织有明确的机制来确保各个部门、团队共享所学知识；④高层管理者不断强调公司内部知识共享的重要性。

---

[1] Hansen M T. Knowledge networks: Explaining effective knowledge sharing in multiunit companies[J]. Organization Science, 2002, 13(3): 232–248.

2. 行为控制

基于 Eisenhardt（1985）[1] 和 Snell（1992）[2]，Snell 和 Youndt（2005）[3] 的研究，我们利用四个指标测量行为控制：①管理者十分重视并设立评价员工行为的标准；②管理者关注工作流程和方法；③管理者为员工建立行为标准；④管理者对任务完成情况鬼马狂想曲迅速。

3. 结果控制

基于 Snell（1992）与 Turner 和 Makhija（2006）[4] 研究，我们利用四个指标测量该变量：①管理者根据工作产出评价员工表现；②管理者根据产出确立绩效工资；③根据工作产出确定格外奖励；④绩效的差异体现在收入上。

4. 团体控制

基于 Snell（1992）[5]、Turner 和 Makhija（2006）[6] 的研究，我们利用四个指标测量该变量：①管理者会在员工独立工作前对其进行持续的培训；②管理者在工作中注重培养并提升员工能力；③员工在雇佣前进行持续测评；④管理者向员工承诺日后提供培训和发展机会。

5. 环境动态性

基于 Atuahene-Gima 和 Li（2004）[7] 的研究，我们用以下四个指标测量

---

[1] Eisenhardt K M.Control: Organizational and economic approaches [J].Management Science, 1985, 31（2）: 134-149.

[2] Snell S A, Youndt M A.Human resource management and firm performance: Testing a contingency model of executive controls [J].Journal of Management, 1995, 21（4）: 711-737.

[3] Snell S A, Youndt M A.Human resource management and firm performance: Testing a contingency model of executive controls [J].Journal of Management, 1995, 21（4）: 711-737.

[4] Turner K L, Makhija M V.The role of organizational controls in managing knowledge [J]. Academy of Management Review, 2006, 31（1）: 197-217.

[5] Snell S A.Control theory in strategic human resource management: The mediating effect of administrative information [J].Academy of Management Journal, 1992, 35（2）: 292-327.

[6] Turner K L, Makhija M V.The role of organizational controls in managing knowledge [J]. Academy of Management Review, 2006, 31（1）: 197-217.

[7] Atuahene-Gima K, Li H.Strategic decision comprehensiveness and new product development outcomes in new technology ventures [J].Academy of Management Journal, 2004, 47（4）: 583-597.

该变量：①行业中产品或服务过时速度很快；②行业内竞争者行为难以预测；③行业内顾客偏好难以预测；④行业内技术变革与其他行业相比较快。

6. 创新

基于 Rothwell（2007）[①] 等人的研究，我们用三个指标测量创新：①流程改进（现有工艺、生产过程中操作技术的进步等）；②产品改进（在现有基础上进行改进的新产品）；③技术改进（在现有基础上提高技术水平）。

7. 控制变量

在本研究中，我们选择企业年龄和企业规模作为控制变量。

（三）信度效度检验

在探索型因子分析的基础上，我们利用 SPSS 得出了各变量因子分析的结果（见表1）。因子分析反映了各指标关于测量变量的信度和效度。其中，信度可以用 Cronbach's α 值来衡量，一般认为，信度系数等于或高于 0.70 是信度分析结果合理的充分条件。从表1中可以看到，所有因子的 α 值均超过了 0.70。这说明本文的测量指标具有良好的信度。

表 1 变量信度和效度

变量	测量指标	信度（α）	因子载荷
知识共享（AVE=0.76）	1.组织成员约定通过交流不断相互学习	0.90	0.85
	2.组织经常分析不成功的案例并且通过交流广泛学习		0.86
	3.组织有明确的机制来确保各部门、团队共享所学知识		0.88
	4.高层管理者不断强调公司内部知识共享的重要性		0.89
行为控制（AVE=0.68）	1.管理者十分重视并设立评价员工行为的标准	0.84	0.87
	2.管理者关注工作流程和方法		0.74
	3.管理者为员工建立行为标准		0.89
	4.管理者对任务完成情况反馈迅速		0.79

---

① Rothwell R.Successful industrial innovation: critical factors for the 1990s [J].R&D Management, 1992, 22（3）: 221-240.

续表

变量	测量指标	信度 α	因子载荷
结果控制 （AVE=0.60）	1.管理者根据工作产出评价员工表现	0.80	0.71
	2.管理者根据产出确立绩效工资		0.84
	3.格外奖励根据工作产出确定		0.72
	4.绩效的差异体现在收入上		0.82
团体控制 （AVE=0.57）	1.管理者会在员工独立工作前对其进行持续培训	0.82	0.79
	2.管理者在工作中注重培养并提升员工能力		0.83
	3.员工在雇佣前进行持续测评		0.73
	4.管理者向员工承诺日后提供培训和发展机会		0.74
环境动态性 （AVE=0.66）	1.行业中产品或服务过时速度很快	0.84	0.84
	2.行业内竞争者行为难以预测		0.82
	3.行业内顾客偏好难以预测		0.82
	4.行业内技术变革相对其他行业快		0.76
创新 （AVE=0.72）	1.流程改进（现有工艺、生产过程中操作技术的进步等）	0.89	0.90
	2.产品改进（在现有基础上进行改进的新产品）		0.81
	3.技术改进（在现有基础上提高技术水平）		0.84

注：AVE 为平均方差萃取值（Average Variance Extracted）系数（2-tailed）

聚敛效度通过因子载荷值来反映。载荷值超过 0.70 说明指标大约一半的变异（载荷值的平方）可以由该因子解释。而且，计算平均方差萃取值（average variance extracted），即每个因子的变量对因子的总的解释程度也可测量聚敛效度。一般来说，当 AVE 值大于或等于 0.50 时就认为该变量的度量指标具有聚敛效度。表 1 的结果显示，所有指标的因子负载都大于 0.70，且 AVE 值都大于 0.50。

同时，如果某一变量 AVE 值的平方根比这个变量与其他所有变量的相关系数都大，则该变量与其他变量之间具有区别效度。表 2 列出了本文所有变量之间的相关系数和 AVE 值的平方根①。从表 2 可以看出，所有变量之间都具有良好的区别效度。

表 2 均值、标准差相关系数和区别效度

变量	均值	标准差	1	2	3	4	5	6	7	8
1.企业年龄	3.60	1.01								
2.企业规模	3.85	1.57	0.52**							
3.知识共享	3.53	0.86	−0.06	−0.04	**0.87**					
4.行为控制	3.61	0.93	−0.16	−0.17	0.44	**0.83**				
5.结果控制	3.59	0.64	0.00	−0.09	0.59**	0.46**	**0.77**			
6.团体控制	3.45	0.72	−0.03	−0.02	0.80**	0.53**	0.64**	**0.75**		
7.环境动态性	3.23	0.94	0.04	0.03	0.34**	0.28**	0.34**	0.32**	**0.81**	
8.创新	3.27	0.80	0.09	0.14	0.59**	0.43	0.42**	0.62**	0.32	**0.85**

注：对角线（粗体）为平均方差萃取值（AVE）的平方根，对角线下面的数值为变量间相关性。

（四）模型的结果与分析

本文模型中的假设检验采用 SPSS13.0 中的最优尺度回归分析方法。检验结果如表 3 所示，本文所提的 3 条假设均顺利通过验证。其中，知识共享与创新呈正相关关系（$\beta=0.61$，$p<0.001$）；行为控制削弱了知识共享与创新的关系（$\beta=-0.19$，$p<0.01$），结果控制和团体控制具有正向的调节作用（$\beta=0.13$，$p<0.01$；$\beta=0.27$，$p<0.01$）；环境动态性加剧了行为控制的负向调节作用（$\beta=-0.24$，$p<0.01$），同时增强了结果控制的负向调节作用（$\beta=-0.17$，$p<0.001$），增强了团体控制的正向调节作用（$\beta=0.36$，$p<0.001$）。

---

① Segars A H.Assessing the unidimensionality of measurement: A paradigm and illustration within the context of information systems research [J].Omega, 1997, 25 (1): 107–121.

表3 知识共享、组织控制与环境动态性关系的检验结果（$N=118$）

变量	创新			
	模型1	模型2	模型3	模型4
控制变量				
企业年龄	−0.35**	0.11	0.08	−0.11*
企业规模	0.21**	0.17**	0.15**	0.18**
自变量				
知识共享		0.60***	0.22**	0.23***
调节变量				
行为控制			0.16**	0.08
结果控制			0.25**	−0.13*
团体控制			0.22**	0.18*
环境动态性				0.09
两项交互				
知识共享 × 行为控制			−0.19**	−0.26***
知识共享 × 结果控制			0.13**	0.08*
知识共享 × 团体控制			0.27**	0.54***
三项交互				
知识共享 × 行为控制 × 环境不确定				−0.24**
知识共享 × 结果控制 × 环境不确定				−0.17***
知识共享 × 团体控制 × 环境不确定				0.36***
F值	6.87***	9.17***	7.09***	10.26***
R^2	0.11	0.41	0.64	0.79***
调整后的R^2	0.09	0.37	0.53	0.71***

注：$p<0.1$，*$p<0.05$，**$p<0.01$，***$p<0.001$。

五、讨论

首先，对于中国企业来说，知识共享能够有效促进企业创新。我国转型时期快速多变的市场环境要求企业通过创新建立竞争优势，而知识是实现这个竞争优势最为关键的资源。中国企业由于发展的局限性，从外部获取知识资源的途径较少，知识资源匮乏成为其创新的主要瓶颈。针对这一现象，本文建议企业应该重视内部知识共享，通过对现有知识的有效吸收利用，最大限度地实现知识的价值以弥补外部知识获取不足的缺陷。

其次，我们发现行为控制负向调节知识共享与创新的关系，结果控制和团体控制正向调节知识共享与创新的关系。这意味着对于希望通过创新建立长期竞争优势的企业来说，应该更多地关注结果控制和团体控制，而不是行为控制。因为在知识共享实现创新的过程中，过于严格的流程或标准会降低员工创新的主观能动性，降低创新的效率；而结果控制利用目标激励员工，不限制具体的行为方式，给予创新行为可能的空间；团体控制通过价值观和文化的培养，形成知识共享和创新的组织氛围，从而有利于企业的长远发展。

最后，中国转型经济的特殊背景要求管理者在进行决策时考虑外部环境的动态性。当环境动态性较高时，一方面企业原有的流程和标准可能失效，另一方面难以制定创新合理的目标，因此，行为控制的负向调节作用更为明显，而结果控制的正向调节作用被削弱。在这种情境下，只有基于企业文化、信任、承诺等社会性的团体控制才能更加有效地促进共享知识实现创新。因此，对于处在动态变化环境中的中国企业来说，团体控制是一种值得重视的控制方式。

众创空间孵化经验与企业创新绩效的关系研究*

一、引言

在"大众创业、万众创新"政策号召下，作为创新创业服务平台的众创空间迅速发展，对充分激发社会创新活力起着关键性作用[1]。党的二十大报告进一步强调，中国仍需完善科技创新体系，坚持创新在我国现代化建设全局中的核心地位[2]。

众创空间作为国家创新体系的重要组成部分，提升其创新产出将有助于推动我国早日建成世界科技创新强国。然而，众创空间在现阶段出现区域创新产出参差不齐、整体创新效率低下[3]等现实问题。究其原因，众创空间已发展为创新生态系统模式[4]，在孵企业的创新绩效更加依赖于众创空间和第三方

---

* 本文原载于《科研管理》2023年（网络首发），作者系谷盟、王栋晗、崔毅，收入本书时有改动。

[1] 韩莹，陈国宏. 众创空间设计、服务与企业创新绩效 [J]. 科研管理，2022，43（5）：67-75.

[2] 孙福全. 坚持创新在我国现代化建设全局中的核心地位（新论）[N]. 人民日报，2022-09-09.

[3] 黄钟仪，赵骅，许亚楠. 众创空间创新产出影响因素的协同作用研究——基于31个省市众创空间数据的模糊集定性比较分析 [J]. 科研管理，2020，41（5）：21-31.

[4] 王海花，熊丽君，李玉. 众创空间创业环境对新创企业绩效的影响 [J]. 科学学研究，2020，38（4）：673-684.

利益主体的协同①。因此，有必要基于协同理论视角探讨如何提升众创空间的企业创新绩效。但现有研究多集中于考察单一层面因素，如政府层面的政府补贴②及众创空间层面的孵化服务内容③、创业环境④、控制行为⑤等因素对企业创新绩效的影响。综上可知，第一，现有文献多从众创空间内某一具体而独立的要素出发，缺乏从整体视角考察众创空间的作用。孵化经验作为由服务内容和行为内化升华而成的整体性要素，有必要探讨孵化经验及其不同维度对企业创新绩效的直接作用。第二，现有研究割裂了众创空间与第三方利益主体间的协同作用，忽视了行业协会这一重要主体，鲜少将行业协会支持和政府补贴同时纳入众创空间研究领域，探讨其如何为在孵企业创造价值⑥；而且，不同利益主体的支持对孵化经验与企业创新绩效的作用机制可能存在差异，厘清这些差异有助于众创空间合理选择第三方利益主体，从而最大限度提升企业创新绩效。

鉴于此，本研究基于协同理论，构建了关于众创空间孵化经验与企业创新绩效关系的概念模型，分析了政府补贴和行业协会支持的调节效应。其中，孵化经验分为孵化经验宽度和深度两个维度，孵化经验宽度反映了众创空间在水平维度上为在孵企业提供的差异化服务内容，而孵化经验深度表明众创空间在垂直维度对所提供服务的熟悉和利用程度。本研究共提出6条假设，

---

① 赵观兵，刘宇涵.组态视角下众创空间内多主体价值共创实现路径研究［J/OL］.科技进步与对策，2023，40（23）：52-61.［2023-03-27］.http：//kns.cnki.net/kcms/detail/42.1224.G3.20221202.1647.014.

② 韩莹，陈国宏.众创空间设计、服务与企业创新绩效［J］.科研管理，2022，43（5）：67-75.

③ Villares M O D C，Miguéns-Refojo V，Ferreiro-Seoane F J.Business survival and the influence of innovation on entrepreneurs in business incubators［J］.Sustainability，2020，12（15）：6197.

④ 黄钟仪，赵骅，许亚楠.众创空间创新产出影响因素的协同作用研究——基于31个省市众创空间数据的模糊集定性比较分析［J］.科研管理，2020，41（5）：21-31.

⑤ 胡海青，张颖颖，王兆群，等.网络多元性对在孵企业孵化绩效作用机制研究——孵化器支持情境的调节作用［J］.科技进步与对策，2018，35（15）：76-82.

⑥ Nicholls-Nixon C L，Valliere D，Singh R M，Chavoushi Z H.How incubation creates value for early-stage entrepreneurs：the People-Place nexus［J］.Entrepreneurship &Regional Development，2022，34（9-10）：868-889.

用来自1078家众创空间内企业的数据进行检验。实证结果表明,孵化经验、政府补贴和行业协会支持均能影响众创空间内企业的创新绩效。该结论对完善众创空间建设以及提升新创企业创新绩效具有一定的指导意义。

二、研究设计

(一) 研究假设

1. 孵化经验与企业创新绩效

孵化经验是众创空间孵化经历的积累,可以为众创空间内的在孵创业团队或企业提供与创新、创业相关的知识和信息,进而影响企业创新绩效。

孵化经验宽度体现了众创空间孵化经验的多样性。因此,孵化经验宽度越广,众创空间在市场发展趋势、行业信息、顾客需求等多个方面拥有的信息和知识越丰富①。这会弥补在孵企业"新进入缺陷"②,使其吸收并整合多样化知识③,催生出更多新颖想法④和创新机会⑤,进而有利于企业创新绩效。

孵化经验宽度广的众创空间可以为在孵企业提供更为多样化的服务资源,如技术支持、创业导师、创业教育、国家合作等。这些资源不仅直接为在孵企业的创新过程提供帮助和指导,也会因嵌入诸多的人力资本和社会资本而

---

① Zhou K Z, Li C B. How knowledge affects radical innovation: knowledge base, market knowledge acquisition, and internal knowledge sharing [J]. Strategic Management Journal, 2012, 33 (9): 1090–1102.

② van Rijnsoever F J, Eveleens C P. Money Don't matter? How incubation experience affects start-up entrepreneurs'resource valuation [J]. Technovation, 2021. DOI: 10.1016/j.technovation.2021. 102294.

③ Furr N R. Product adaptation during new industry emergence: the role of start-up team preentry experience [J]. Organization Science, 2019, 30 (5): 1076–1096.

④ 赵观兵, 刘宇涵. 组态视角下众创空间内多主体价值共创实现路径研究 [J]. 科技进步与对策, 2023, 40 (23): 52–61.

⑤ 杨特, 赵文红, 李颖. 创业者经验宽度、深度对商业模式创新的影响: 创业警觉的调节作用 [J]. 科学学与科学技术管理, 2018, 39 (7): 88–104.

间接助力在孵企业搭建社会网络，提高资源的吸收及协同效果①，进而为企业创新提供支持。

因此，本研究认为：

假设 1：孵化经验宽度有利于企业创新绩效。

孵化经验深度体现了众创空间对相关孵育服务和知识的熟悉与应用程度，对在孵企业的创新绩效也会起到促进作用。其主要原因体现为以下两个方面：一方面，具有深度孵化经验的众创空间具有更多的隐性知识，掌握更多解决问题的特有办法、规则、流程。这不仅可以帮助在孵企业加深对顾客、行业、市场等环境信息的理解②，使其更有效地识别和利用潜在创新机会③，还可以帮助在孵企业掌握知识搜索和要素组合的要领，进而为创新活动提供帮助。

另一方面，孵化经验深度具有自我增强性。具有深度孵化经验的众创空间可以通过对相关经验的分类、挑选、传播和共享，形成组织惯例④，进而使众创空间更精准地识别外部环境变化⑤、合理地配置资源⑥等。上述能力可帮助在孵企业更有效地识别信息、知识和机会，进而促进创新绩效。

因此，本研究提出：

假设 2：孵化经验深度有利于企业创新绩效。

2. 政府补贴的调节作用

政府补贴体现了政府对众创空间的支持，在一定程度上可以降低创新的

---

① 胡海青，张颖颖，王兆群，等.网络多元性对在孵企业孵化绩效作用机制研究：孵化器支持情境的调节作用［J］.科技进步与对策，2018，35（15）：76-82.

② 杨特，赵文红，李颖.创业者经验宽度、深度对商业模式创新的影响：创业警觉的调节作用［J］.科学学与科学技术管理，2018，39（7）：88-104.

③ 冉启斌，陈伟宏，张平.高管过度自信、企业国际化经验与企业海外子公司生存率［J］.科学学与科学技术管理，2020，41（8）：131-147.

④ 范建红，李娜，王冰.联盟经验对联盟企业创新绩效的影响研究：关系强度和知识治理机制的中介作用［J］.工业工程与管理，2022，27（3）：201-209.

⑤ Carlo J L, Lyytinen K, Rose G M.A knowledge-based model of radical innovation in small software firms［J］.MIS Quarterly，2012，36（3）：865-895.

⑥ 毕可佳，胡海青，张道宏.孵化器编配能力对孵化网络创新绩效影响研究：网络协同效应的中介作用［J］.管理评论，2017，29（4）：36-46.

不确定性和成本，并有助于增加研发投入，进而对企业创新绩效发挥协同作用。

当政府补贴水平提升时，众创空间可以调动更多的资金来支持在孵企业开展创新，扩展在孵企业可利用的创新资金和资源池[①]。一方面，这将与多样化孵化经验产生的创新想法和时机产生协同作用，有效地克服资源限制[②]，增强对创新想法和时机的转化与利用程度，促进创新成果的产生。另一方面，充裕的资金与深度经验相互协同，使在孵企业扩大市场、行业信息搜索范围，识别潜在创新机会，进而增强孵化经验深度的成效。

此外，政府补贴也起到信号传递的作用[③]。具体而言，当政府加大补贴力度时，外部投资者将接收积极信息，增加对众创空间的投资信心和资金。新注资金进一步帮助在孵企业突破资金壁垒，缓解融资约束，降低研发成本和风险[④]，进而增强孵化经验宽度和深度的效用；而且，政府补贴促使众创空间形成积极的创新氛围，使在孵企业努力开展创新活动。

基于以上分析，本研究认为：

假设 3a：政府补贴增强了孵化经验宽度对企业创新绩效的正向作用。

假设 3b：政府补贴增强了孵化经验深度对企业创新绩效的正向作用。

3. 行业协会支持的调节作用

行业协会是由具有同一、相近或相似行业背景的第三方成员自愿组成的非营利性组织，其在企业创新中发挥着收集信息、转移知识、构建网络、提

---

① Peng H, Liu Y.How government subsidies promote the growth of entrepreneurial companies in clean energy industry: An empirical study in China [J].Journal of Cleaner Production, 2018, 188: 508–520.

② 李佳霖,董嘉昌.地方政府注意力配置对企业创新活动的影响研究[J].科研管理, 2023, 44（9）：47–59.

③ van Rijnsoever F J, Eveleens C P.Money Don't matter?How incubation experience affects start-up entrepreneurs' resource valuation[J].Technovation, 2021.DOI：10.1016/j.technoration.2021.102294.

④ Lin B, Luan R.Do government subsidies promote efficiency in technological innovation of China's photovoltaic enterprises? [J].Journal of Cleaner Production, 2020.DOI: 10.1016/j.jclepro.2020.120108.

供技术和资源等作用[①]，因此行业协会支持也会影响孵化经验与企业创新绩效的关系。

鉴于孵化经验宽度主要通过多样化知识和资源来促进企业创新绩效，因此行业协会提供的多样化行业资源及具有针对性的服务支持可能会替代孵化经验宽度提供的知识和资源，进而削弱孵化经验宽度对创新绩效的作用。相反，对于孵化经验深度与企业创新绩效的关系而言，行业协会支持起到正向调节作用。一方面，行业协会提供的多样化且具有针对性的支持会与众创空间提供的专业化孵化经验形成互补，加深对顾客、行业、市场等环境信息的理解[②]，进而提升孵化经验深度的作用效果。另一方面，行业协会支持也可以为众创空间搭建行业、商业网络，使在孵企业更多地接触到不同的想法和信息，发现技术能力更强的合作伙伴[③]。这会与深度孵化经验相协同，进而增强孵化经验深度对企业创新绩效的正向作用。

因此，本研究提出：

假设4a：行业协会支持削弱了孵化经验宽度对企业创新绩效的正向作用。

假设4b：行业协会支持增强了孵化经验深度对企业创新绩效的正向作用。

本研究的理论模型如图1所示。

---

① 周萍，闵惜琳，蔺楠.加入行业协会有益于农民创业吗？——基于上海财经大学"千村调查"的证据[J].科学决策，2021，(11)：66-80.

② Shen C, Zhou X.How does industry association impact micro and small enterprises' innovation decisions?Evidence from China[J].Applied Economics Letters, 2023, 30 (16): 2288-2298.

③ Qiao P H, Ju X F, Fung H G.Industry association networks, innovations, and firm performance in Chinese small and medium-sized enterprises[J].China Economic Review, 2014, 29: 213-228.

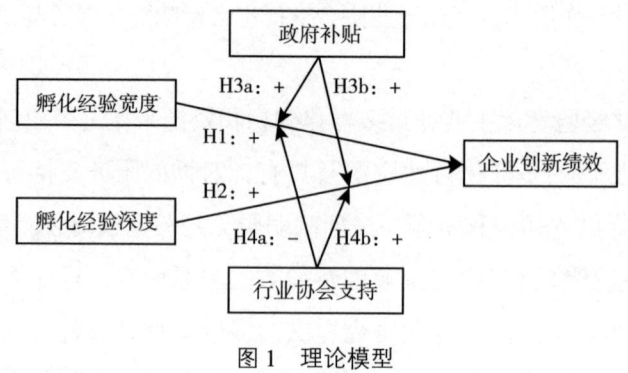

图 1 理论模型

（二）数据来源

本研究将国家备案众创空间（按科技部众创空间的统计标准）作为研究对象，其数据主要来源于科技部火炬高技术产业开发中心公布的《中国火炬统计年鉴》和王小鲁等编著的《中国分省份市场化指数报告（2018）》[①]。为保证数据有效性，本研究剔除了2016—2018年消失的众创空间与累计获得投融资的创业团队及企业的数量大于累计服务的创业团队和企业数量的众创空间，最终有效样本为1078条。

（三）变量测量

1. 因变量——企业创新绩效

本研究基于孙启新、李建清和程郁（2020）[②]的研究，以入孵团队或企业拥有的有效知识产权数量之和来测量企业创新绩效。同时，由于创新绩效具有一定的滞后性（一般为一年半），故按照李晓钟、吴振雄和张小蒂（2016）[③]

---

① 王小鲁，樊纲，胡李鹏.中国分省份市场化指数报告（2018）[M].北京：社会科学文献出版社，2019.
② 孙启新，李建清，程郁.科技企业孵化器税收优惠政策对在孵企业技术创新的影响[J].科技进步与对策，2020，37（4）：129-136.
③ 李晓钟，吴振雄，张小蒂.政府补贴对物联网企业生产效率的影响研究：基于沪深两市2010—2013年公司数据的实证检验[J].中国软科学，2016（2）：105-113.

的研究，采用滞后 2 年的数据，即采用 2018 年拥有的有效知识产权数量之和来测量企业创新绩效。

2. 自变量——孵化经验宽度和深度

借鉴 Carlo 等（2012）[1]的测量方式，本研究利用众创空间提供的服务类型占所有服务类型的比例来衡量孵化经验宽度。孵化经验宽度的取值范围为 0~1。同样的，由于是否获得投融资是创业团队或企业成功的第一步，因此借鉴 Furr（2019）[2]的测量方式，孵化经验深度用众创空间累计获得投融资的创业团队及企业的数量占累计服务的创业团队和企业数量之比来测量，其取值范围也为 0~1。

3. 调节变量——政府补贴和行业协会支持

政府补贴采用众创空间获得的所有财政补贴金额的自然对数表示[3]；行业协会支持则以王小鲁等人（2019）[4]提供的 2016 年"行业协会对企业的帮助程度指数"作为代理变量。

4. 控制变量

本研究将众创空间特征[5]、区域特征[6]和知识产权保护力度作为控制变量，以消除其对企业创新绩效的影响。其中，地区经济发展水平采用《中国统计年鉴》中的地区国民生产总值的对数值加以衡量，知识产权保护力度采用王小鲁等人（2019）提供的"知识产权保护指数"来衡量。

---

[1] Carlo J L, Lyytinen K, Rose G M.A knowledge-based model of radical innovation in small software firms [J].MIS Quarterly, 2012, 36 (3): 865-895.

[2] Furr N R.Product adaptation during new industry emergence: the role of start-up team preentry experience [J].Organization Science, 2019, 30 (5): 1-21.

[3] 黄钟仪，赵骅，许亚楠.众创空间创新产出影响因素的协同作用研究：基于 31 个省市众创空间数据的模糊集定性比较分析 [J].科研管理，2020，41（5）：21-31.

[4] 王小鲁，樊纲，胡李鹏.中国分省份市场化指数报告（2018）[M].北京：社会科学文献出版社，2019.

[5] Del Campo Villares M O, Miguéns-Refojo V, Ferreiro-Seoane F J.Business survival and the influence of innovation on entrepreneurs in business incubators [J].Sustainability,2020,12（15）：6197.

[6] 黄钟仪，赵骅，许亚楠.众创空间创新产出影响因素的协同作用研究：基于 31 个省市众创空间数据的模糊集定性比较分析 [J].科研管理，2020，41（5）：21-31.

（四）研究方法与模型设定

为检验众创空间孵化经验对企业创新绩效的影响，本研究选择负二项回归方法进行假设检验，主要原因有以下两点：①因变量的测量方式为2018年新创企业拥有的有效知识产权数量，属于非负整数型的计量变量，因此可采用泊松回归模型或者负二项回归模型[①]。②因变量的标准差大于均值（均值为41.521，标准差为104.809），呈超离散分布，而负二项回归模型能更好地处理过度分散问题[②]。此外，根据负二项回归后的LR检验，过度分散参数值在0.001水平下显著。因此，借鉴Jung和Kim（2018）[③]与周君璧等（2023）的研究，本文采用负二项回归方法对假设进行检验。具体模型设定如下：

$$INNO=\exp(\alpha_0+\beta_1 IEB+\beta_j \sum CONTROL+\varepsilon) \quad (1)$$

$$INNO=\exp(\alpha_0+\beta_1 IED+\beta_j \sum CONTROL+\varepsilon) \quad (2)$$

$$INNO=\exp(\alpha_0+\beta_1 IEB+\beta_2 IED+\beta_j \sum CONTROL+\varepsilon) \quad (3)$$

$$INNO=\exp(\alpha_0+\beta_1 IEB+\beta_2 IED+\beta_3 GSB+\beta_4 IEB\times GSB+\beta_5 IED\times GSB+\beta_j \sum CONTROL+\varepsilon) \quad (4)$$

$$INNO=\exp(\alpha_0+\beta_1 IEB+\beta_2 IED+\beta_3 IAS+\beta_4 IEB\times IAS+\beta_5 IED\times IAS+\beta_j \sum CONTROL+\varepsilon) \quad (5)$$

其中，模型（1）和模型（2）分别检验了众创空间孵化经验宽度和深度对企业创新绩效的影响；模型（3）构造了孵化经验宽度和深度对企业创新绩效影响的模型，以进一步检验孵化经验的影响。模型（4）和模型（5）分别在模型（3）的基础上加上政府补贴、行业协会支持及其与自变量的交互项，以检验政府补贴和行业协会支持的调节作用。在上述5个模型中，α_0为常数项，β_i为系数，$\sum CONTROL$代表包含所有控制变量的函数，ε为随机误差项。

---

① Jung H，Kim B K.Determinant factors of university spin-off：The case of Korea［J］.Journal of Technology Transfer，2018，43（6）：1631-1646.

② 周君璧，汪明月，于磊.双融通视角下新型研发机构企业孵化研究［J］.科研管理，2023，44（8）：31-39.

③ Jung H，Kim B K.Determinant factors of university spin-off：The case of Korea［J］.Journal of Technology Transfer，2018，43（6）：1631-1646.

三、实证分析

（一）描述性统计分析

本研究将模型中所有变量的均值、标准差和相关系数进行统计分析。企业创新绩效的均值为 41.521，标准差为 104.809，这表明众创空间内企业的创新绩效存在显著差异，个别众创空间内企业的创新能力较为突出；孵化经验宽度和深度的均值分别为 0.863 和 0.088，标准差为 0.101 和 0.115，这说明两者的整体分布相对均衡；而政府补贴和行业协会支持的标准差分别为 3.023 和 3.666，这意味着不同众创空间所获得的政府补贴和行业协会支持程度存在较大的差异。

从相关系数的结果来看，孵化经验宽度和深度与企业创新绩效之间的相关系数均为正，说明主效应的回归设定具有合理性；而且，所有两两变量间相关系数的绝对值均小于 0.567，说明变量之间不存在严重的多重共线性问题。

（二）回归结果分析

按照模型设定，本研究运用负二项回归模型检验了孵化经验、政府补贴和行业协会支持对企业创新绩效的影响。负二项回归模型的检验结果如表 1 所示。

表 1 负二项回归模型的检验结果

变量	INNO				
	模型 1	模型 2	模型 3	模型 4	模型 5
AGE	0.253*	0.269*	0.226	0.239*	0.205
$SIZE$	0.498***	0.461***	0.546***	0.510***	0.463***
$NUME$	0.072	0.071	0.036	0.040	0.063
$OSSO$	0.271*	0.234	0.295*	0.261*	0.300*
GDP	−0.105	−0.170	−0.116	−0.168	−0.107

续表

变量	INNO				
	模型1	模型2	模型3	模型4	模型5
IPRE	0.029***	0.032***	0.027***	0.030***	0.027***
IEB		1.449**		1.163*	1.135*
IED			1.595**	1.413**	1.285*
GSB					0.049**
IAS					0.000
IEB×GSB					0.129**
IED×GSB					0.000
IEB×IAS					−0.091*
IED×IAS					0.107*
Cons	1.925	1.441	1.835	1.474	0.795
N	1078	1078	1078	1078	1078
Ln alpha	0.997	0.991	0.988	0.984	0.962
Log likelihood	−4635.158	−4631.717	−4629.785	−4627.596	−4615.531
Pseudo R2	0.010	0.011	0.011	0.011	0.014
LR chi2	91.30***	98.18***	102.04***	106.42***	130.55***

注：*、**、*** 分别表示 $p<0.05$、$p<0.01$、$p<0.001$，下同

1. 孵化经验对企业创新绩效的影响

为检验孵化经验对企业创新绩效的影响，研究首先在模型1中引入控制变量，并在此基础上分别加入孵化经验宽度和深度，从而得到模型2和模型3。模型4则包含所有的自变量。具体而言，模型2整体上统计显著（$Log\ likelihood = -4635.158$，$LR\ chi^2 = 98.18$，$p < 0.001$），其结果显示，孵化经验宽度（IEB）与企业创新绩效呈显著正相关关系（$\beta=1.449$，$p < 0.01$）。这说明孵化经验宽度与企业创新绩效呈正相关关系，且孵化经验宽度每增加1单位，企业创新绩效将提升至原先的4.261（e^β，下同）倍。由此，假设1得到支持。

与此相类似，模型3整体显著（$Log\ likelihood = -4629.785$，$LR\ chi^2 = 102.04$，$p < 0.001$），且孵化经验深度对企业创新绩效的回归系数显著为正

（β=1.595，$p < 0.01$）。这意味着孵化经验深度每增加 1 单位，企业创新绩效将变为原先的 4.929 倍，说明孵化经验深度与企业创新绩效呈正相关关系。由此，假设 2 得到支持。

模型 4 的回归结果也表明，孵化经验宽度与深度均能促进企业创新绩效（β_1=1.163，$p < 0.05$；β_2=1.413，$p < 0.01$），进一步证实了假设 1 和假设 2。

2. 调节作用检验

在检验调节作用之前，本研究首先将自变量和调节变量进行中心化处理；其次构建其交互项，以避免出现潜在的多重共线性问题；最后，在模型 4 的基础上加入调节变量及相应交互项，得到模型 5。模型 5 整体上统计显著（$Log\ likelihood = -4615.531$，$LR\ chi2= 130.55$，$p < 0.001$），回归结果如表 1 所示。

（1）政府补贴的调节作用。从模型 5 中可以发现，政府补贴与孵化经验宽度交互项的系数显著为正（β=0.129，$p < 0.01$）。这意味着当众创空间获得的政府补贴较高时，孵化经验宽度与企业创新绩效之间的关系会更加显著，在孵企业拥有的知识产权数量显著增加，即政府补贴正向调节孵化经验宽度与企业创新绩效的关系。故假设 3a 得到验证。政府补贴与孵化经验深度交互项的回归系数虽然为正，但不显著（$\beta= 0.000$，$p < 0.05$），因此政府补贴虽然正向调节孵化经验深度与企业创新绩效之间的关系，但其作用不显著，假设 3b 未得到证实。其原因可能在于，政府补贴使众创空间形成安全错觉，导致众创空间难以凭借自身丰富经验来收集并理解环境信息，进而导致政府补贴的调节效应不显著。

（2）行业协会支持的调节作用。从模型 5 中可以发现，行业协会支持与孵化经验宽度交互项的回归系数显著为负（β=-0.091，$p < 0.05$）。这表明，当行业协会支持程度处于高水平时，孵化经验宽度对企业创新绩效的正向作用会被削弱，在孵企业拥有的知识产权数量显著变少。因此行业协会支持在孵化经验宽度与企业创新绩效的关系中起到负向调节作用，即假设 4a 得到验证。相反，行业协会支持与孵化经验深度交互项的回归系数显著为正（β=0.107，$p < 0.05$），即随着行业协会支持程度的提升，孵化经验深度的积极作用被提升，众创空间内在孵企业可拥有更多的知识产权。因此行业协会支持对孵化

经验深度与企业创新绩效的关系起到促进作用，假设 4b 得到支持。

（3）调节效应图。为更直观地理解政府补贴和行业协会支持的调节作用，本研究在模型 5 的基础上画出了相应的调节图（见图 2、图 3a、图 3b）。由图 2 可知，当政府补贴的水平提高时，企业创新绩效随着孵化经验宽度的增加而有所提高，假设 3a 得到进一步验证。由图 3a 和图 3b 可知，当行业协会支持的水平提高时，孵化经验宽度与企业创新绩效的斜率变缓，而孵化经验深度与企业创新绩效的斜率变陡。因此，行业协会支持削弱了孵化经验宽度的作用，却增强了孵化经验深度的作用，故假设 4a 和假设 4b 得到进一步验证。

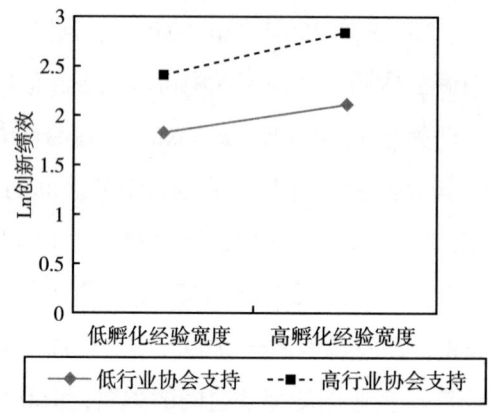

图 2　政府补贴的调节作用

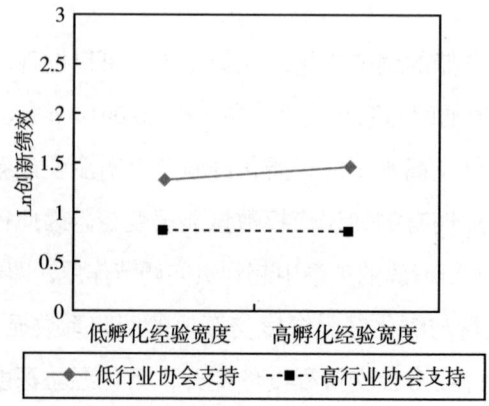

图 3a　行业协会支持对孵化经验宽度与企业创新绩效的调节效应

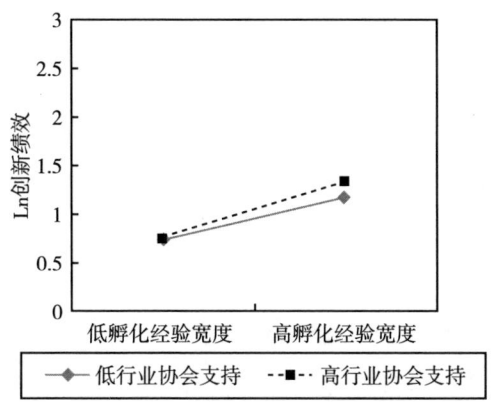

图 3b　行业协会支持对孵化经验深度与企业创新绩效的调节效应

3. 稳健性检验

为了确保研究结论的可靠性,本文采用替换因变量和替换样本两种方法来进行稳健性检验。

(1)替换因变量。将 2018 年发明专利数量作为企业创新绩效的代理指标进行负二项回归,在改变因变量测量方式后,回归结果与前文基本一致,表明结论具有稳健性。

(2)替换样本。鉴于孵化器成立初期的关注点集中于获得场地控制权和吸引初始入驻对象[①],因此本文进一步筛选成立一年以上的样本进行稳健性检验。结果表明,除部分显著性降低外,替换样本后的检验结果与前文结果基本一致。

四、主要研究结论

基于协同理论,本研究以 1078 家国家备案众创空间为样本,分析了众创空间孵化经验对企业创新绩效的影响,并探讨了政府补贴和行业协会支持的调节作用。本研究发现:①孵化经验宽度与深度均有利于企业创新绩效。该

[①] 李永慧,郭海,王栋晗.守正创新:战略差异对服务型众创空间绩效的影响研究[J].南开管理评论,2022,25(3):118-128.

结论不仅支持了资源基础观的观点，阐明了孵化经验的重要性，也从整体上揭示了众创空间内部要素的协同如何影响企业创新绩效，为认识和分析众创空间内企业创新绩效的影响因素提供了新思路。②政府补贴对孵化经验宽度与企业创新绩效间的关系起到正向调节作用；行业协会支持削弱了孵化经验宽度与企业创新绩效的正相关关系，增强了孵化经验深度与企业创新绩效的正相关关系。这表明政府补贴和行业协会支持存在差异化的调节作用，为协同理论视角下如何选择利益相关者以产生协同效应提供了理论依据。

研究结论对于众创空间建设和发展具有一定启示。具体体现在以下两个方面：①众创空间在建设过程中，不仅要针对在孵团队或企业的差异化需求提供个性化服务，还应该加强对成功和失败经验的总结，从而提升自身孵化能力，增强孵化经验深度。②众创空间应充分认识到政府和行业协会的作用。一方面，众创空间应该积极争取政府补贴，为众创空间内在孵创业团队或企业提供更多的资金和资源；另一方面，众创空间可以与行业协会建立合作机制，取长补短，以更好地发挥自身孵化经验的效用。此外，对于政府而言，可以考虑完善政府对众创空间的补助政策和相应机制，以充分释放政府补贴带来的积极效用。

产业互联网平台场景如何驱动商业生态系统创新*
——基于汇通达的纵向案例研究

一、引言

产业互联网平台是以物联网为架构,以数字互联能力为支撑,以企业用户为对象的云平台[①]。广泛的连通性和应用性使产业互联网平台成为孕育商业生态系统的天然土壤。以产业互联网平台为核心的商业生态系统,能够缩短产业链条,缓解信息不对称,实现产业生态资源的泛在连接和高效配置[②],提高企业决策效率和竞争力。数字商业环境下,企业竞争逐渐转向商业生态系统之争[③],创新演化是确保商业生态系统持续成功的关键[④],也是企业获取持续

---

* 本文原载于《科技进步与对策》2023年第24期,作者系黄雪、沈灏、王栋晗,收入本书时有改动。

① 任保平,朱晓萌.中国经济从消费互联网时代向产业互联网时代的转型[J].上海经济研究,2020,37(7):15-22.

② 卢艳秋,宋昶,王向阳.基于工业互联网平台的企业间知识复用研究[J].情报科学,2022,40(2):141-147.

③ Rong K, Lin Y, Li B, et al.Business ecosystem research agenda: more dynamic, more embedded, and more internationalized[J].Asian Business & Management, 2018, 17(3): 167-182.

④ Moore J F.The rise of a new corporate form[J].Washington Quarterly, 1998, 21(1): 167-181.

竞争优势的保证①。因此，研究产业互联网平台如何驱动商业生态系统的构建与创新演化，成为亟待解决的关键理论问题。

数字经济时代，场景成为驱动产业互联网平台业务创新和商业生态系统创新演化的新范式。场景驱动创新是指基于多元化的场景需求，突破现有模式，开发新技术、新产品、新服务乃至新生态的过程，它突破了线性与链式思维的壁垒，更加重视场景驱动下的生态融合②③，深化创新链、产业链、人才链、资金链、政策链"五链融合"，构建共生、共创、共享、共赢的商业生态系统④。产业互联网平台通过与技术、场景的深度融合实现平台升级，打造产业新生态。数字化赋能作为产业互联网平台的关键赋能维度，能够激活并连接更多生态主体，大幅降低连接成本，从而快速形成商业生态系统，助力节点企业和整个生态的数字化转型，充分释放数据要素价值，促进产业高质量发展，创造更多的商业价值和社会价值⑤⑥，是场景驱动商业生态系统创新演化的关键机制。但现有研究对场景驱动创新、数字化赋能与商业生态系统创新之间的关系关注不足，未能揭示场景驱动产业互联网平台升级和商业生态系统创新演化的复杂动态机制。此外，社会关系能够帮助关系主体获取更多的信任资本、多源信息等⑦，在场景构建中发挥关键作用，但现有研究对此缺乏足够的理论探讨。

---

① 赵芸，聂淑萍，黄解宇.企业创新与企业生态系统的相互作用研究［J］.经济问题，2018，40（6）：70-74.

② 王玉荣，李宗洁.互联网＋场景模式下反向驱动创新研究［J］.科技进步与对策，2017，34（20）：7-14.

③ 尹西明，任保平，朱晓萌.中国经济从消费互联网时代向产业互联网时代的转型［J］.上海经济研究，2020，37（7）：15-22.

④ 尹西明，苏雅欣，陈劲，等.场景驱动的创新：内涵特征、理论逻辑与实践进路［J］.科技进步与对策，2022，39（15）：1-10.

⑤ Korschun D，Du S.How virtual corporate social responsibility dialogs generate value：A framework and propositions［J］.Journal of Business Research，2013，66（9）：1494-1504.

⑥ Korschun D，Du S.How virtual corporate social responsibility dialogs generate value：A framework and propositions［J］.Journal of Business Research，2013，66（9）：1494-1504.

⑦ 古川，尹宁，赵利梅.社会网络与产业生态交互赋能下青年返乡创业的演进机制［J］.农村经济，2021，39（9）：128-134.

基于此，本文聚焦产业互联网平台如何通过不同场景的数字化赋能驱动商业生态系统创新演化这一核心问题，采用单案例纵向研究方法，剖析汇通达商业生态系统的演化过程，基于"场景洞察—场景创造—场景赋能—网络创新"的逻辑构建场景驱动商业生态系统创新的机制模型。本文结论有助于拓展场景驱动创新理论、商业生态系统创新理论和数字化赋能理论，对平台企业、创业企业主导的商业生态系统构建实践也具有启示意义。

二、文献综述

（一）商业生态系统创新演化

商业生态系统创新演化的关键在于网络结构的拓展以及网络节点间的协同演化与价值共创[1][2][3][4]。商业生态系统创新既可视作网络节点与连接的重构，即价值共创与主体创新，也可视作节点间基于核心企业赋能的价值共创过程和客体的创新[5]。基于Moore（1996）的奠基性工作，Rong & Shi[6]将商业生态系统创新演化过程分为出现、多样化、集中化、巩固化和更新5个阶段。关于价值共创的类型，诸多学者基于利益相关者理论认为企业通过整合利益相关者的资源，能够创造商业价值和社会价值[7]。社会价值反映企业承担的社会

---

[1] Moore J F.The rise of a new corporate form [J].Washington Quarterly, 1998, 21 (1): 167-181.

[2] Jacobides M G, Cennamo C, Gawer A.Towards a theory of ecosystems [J].Strategic Management Journal, 2018, 39 (8): 2255-2276.

[3] Tsujimoto M, Kajikawa Y, Tomita J, et al.A review of the ecosystem concept: Towards coherent ecosystem design [J].Technological Forecasting and Social Change, 2018, 136 (11): 49-58.

[4] 宁连举, 孙中原, 袁雅琴, 等.基于交易成本理论的商业生态系统形成与演化机制研究 [J].经济问题, 2020, 42 (6): 8-18.

[5] 刘向东, 刘雨诗.双重赋能驱下的信任跃迁与网络创新：汇通达2010—2019年纵向案例研究 [J].管理学报, 2021, 18 (2): 180-191.

[6] Bremner R P, Eisenhardt K M, Hannah D P.Business ecosystems [M]//Collaborative strategy.Cheltenham: Edward Elgar Publishing, 2017: 215-223.

[7] Korschun D, Du S.How virtual corporate social responsibility dialogs generate value: A framework and propositions [J].Journal of Business Research, 2013, 66 (9): 1494-1504.

责任,是指企业通过各类价值创造活动为社会所作的贡献①,社会价值正成为企业新的竞争优势。然而,已有文献对于价值共创的关注较多,鲜有研究关注面向价值共创的商业生态系统的动态演化,导致难以厘清和阐明商业生态系统构建、演化的过程及驱动机制。同时,关于商业生态系统动态演化的研究更侧重于企业商业价值共创,忽视了社会价值共创方面的理论探讨。

(二)场景相关研究

场景泛指生活、工作中的特定情境,该情境在发展演变过程中面临的问题或需求可为相关创新主体的创新实践提供嵌入性场域②。场景驱动的创新是数字经济时代的全新创新范式,是以场景为载体,以特定需求和体验为引领,技术、组织、关系等要素相互协同,开发新产品、新业务、新模式、新生态的过程,它能够实现供需精准匹配③④。

基于场景的业务是产业互联网平台面向未来的创新形式,基于场景化需求构建不同的业务场景,从而实现平台业务创新和生态创新,其构建过程可以概括为场景洞察、场景创造、场景应用和场景创新⑤。其中,场景洞察是场景创造与迭代创新的起点,这不仅源于需求痛点和问题难点的挖掘,还源于资源编排下对资源价值和功能的重新审视⑥以及未来需求与使命愿景的牵

---

① 焦娟妮,范钧.顾客:企业社会价值共创研究述评与展望[J].外国经济与管理,2019,41(2):72-83.

② 尹西明,苏雅欣,陈劲,等.场景驱动的创新:内涵特征、理论逻辑与实践进路[J].科技进步与对策,2022,39(15):1-10.

③ 尹西明,苏雅欣,陈劲,等.场景驱动的创新:内涵特征、理论逻辑与实践进路[J].科技进步与对策,2022,39(15):1-10.

④ 蔡春花,刘伟,江积海.商业模式场景化对价值创造的影响:天虹股份2007—2018年数字化转型纵向案例研究[J].南开管理评论,2020,23(3):98-108.

⑤ 尹西明,苏雅欣,陈劲,等.场景驱动的创新:内涵特征、理论逻辑与实践进路[J].科技进步与对策,2022,39(15):1-10.

⑥ 孙永波,丁沂昕,杜双.冗余资源、资源拼凑与创业机会识别的非线性关系研究[J].科研管理,2022,43(1):105-113.

引①。场景创造依赖于高效精准的数字技术,其不仅能为平台搭建包括基础设施层、数据层、服务层、应用层在内的场景架构,通过设施连接实时收集场景数据,构建数据画像,分析用户行为,进而做出数据决策②,而且可以大幅降低联结成本,从而快速形成商业生态系统。场景应用是指场景的推广运用,即场景赋能过程。场景创新是指从复盘中发现不足或识别新需求,通过优化迭代实现场景创新。数字技术使场景要素具象化,解决了场景创造的操作性问题。除数字技术支撑外,社会关系作为一种资本③,能够通过信任机制和网络效应促进资源流动与依赖共生,提高场景与生态构建的效率④⑤。因此,在场景驱动情境下考虑数字技术和社会关系管理的支撑机制尤为重要。

(三)产业互联网平台数字化赋能

赋能是指赋予或增强特定主体在高度不确定的商业环境中发现、把握、利用机会的本领⑥,强调赋予目标主体不具备的资源和能力。产业互联网平台作为数字技术和数据资源的集成,数字化赋能是其关键赋能维度。按照赋能方向,产业互联网平台数字化赋能可分为内部赋能和外部赋能。其中,内部赋能促进平台资源的数字化,以提升资源拼凑能力和数字化治理能力⑦;外部赋能助力外部企业数字化转型,从而打破产业壁垒,消除"数据孤岛"现

---

① 尹西明,苏雅欣,陈劲,等.场景驱动的创新:内涵特征、理论逻辑与实践进路[J].科技进步与对策,2022,39(15):1-10.
② 张艳丰,欧志梅.数字孪生技术驱动下智慧图书馆场景化服务模式研究[J].情报理论与实践,2022,45(8):47-53.
③ 古川,尹宁,赵利梅.社会网络与产业生态交互赋能下青年返乡创业的演进机制[J].农村经济,2021,39(9):128-134.
④ 刘向东,刘雨诗.双重赋能驱下的信任跃迁与网络创新:汇通达 2010—2019 年纵向案例研究[J].管理学报,2021,18(2):180-191.
⑤ 徐超,吴玲萍,孙文平.外出务工经历、社会资本与返乡农民工创业:来自 CHIPS 数据的证据[J].财经研究,2017,43(12):30-44.
⑥ 周文辉,李兵,周依芳,等.创业平台赋能对创业绩效的影响:基于"海尔+雷神"的案例研究[J].管理评论,2018,30(12):276-284.
⑦ 陈武,陈建安,李燕萍.工业互联网平台:内涵、演化与赋能[J].经济管理,2022,44(5):189-208.

象[1]，拓展商业生态系统节点，改进节点间的连接方式并提高连接效率，颠覆传统网络结构，更好地实现生态协同[2]。

关于平台数字化赋能的方式，不少学者提出数字化赋能可以通过连接赋能、智能赋能和分析赋能等方式实现[3][4]。张振刚等（2022）基于制造企业数字化服务视角，提出数字赋能可以通过生产物料数字化、架构平台数字化和价值交付数字化实现；汪传雷等[5]发现，供应链控制塔能够通过运营数字化赋能、信息透明化赋能、决策灵活化赋能助力客户实现数字化转型，打造可视化供应链。然而，现有的关于产业互联网平台数字化赋能的研究主要局限于工业互联网平台，缺乏对场景创新、数字化赋能、商业生态系统创新之间关系的研究，并且对数字化赋能的方式也缺乏动态化、系统性的研究。

三、研究设计

（一）方法选择

本文采用单案例纵向研究方法。一方面，本文旨在探索产业互联网平台场景驱动商业生态系统创新的路径和机制，重点解决"why"和"how"的问题，适合采用案例研究方法[6]。另一方面，本研究探讨的平台场景创新、数字化赋能和商业生态系统创新演化是一个复杂的动态过程，采用单案例纵向分析方法能够实现详尽探讨[7]。

---

[1] 卢艳秋，宋昶，王向阳.基于工业互联网平台的企业间知识复用研究[J].情报科学，2022，40（2）：141-147.

[2] 曹仰锋.海尔COSMOPlat平台：赋能生态[J].清华管理评论，2018，8（11）：28-34.

[3] Lenka S, Parida V, Wincent J.Digitalization capabilities as enablers of value co-creation inservitizing firms[J].Psychology & Marketing, 2017, 34（1）：92-100.

[4] 周文辉，邓伟，陈凌子.基于滴滴出行的平台企业数据赋能促进价值共创过程研究[J].管理学报，2018，15（8）：1110-1119.

[5] 汪传雷，胡春辉，章瑜，等.供应链控制塔赋能企业数字化转型[J].情报理论与实践，2019，42（9）：28-34.

[6] Yin R K.Applications of case study research[M].London：Sage Publications，2011.

[7] Siggelkow N.Persuasion with case studies[J].Academy of Management Journal, 2007, 50（1）：20-24.

（二）案例选择

本文选择汇通达网络股份有限公司（以下简称汇通达）作为案例研究对象，具体原因如下：一方面，遵循典型性原则[①]。2022年2月18日，号称"下沉市场第一股"的汇通达在香港上市。汇通达是中国领先的面向下沉市场零售行业企业客户的交易和服务平台，以连接产业与农民的乡镇零售店为切入点，为零售店提供稳定高效的一站式供应链服务，并通过数字化赋能为乡镇零售店、渠道客户、品牌厂商等产业链伙伴提供门店SaaS+服务及商家解决方案。汇通达通过发展交易场景、服务场景、开放场景，最终构建形成开放、共生、共创的农村商业生态系统。汇通达科技赋能B端、服务赋能C端的双向T2B2C模式和发展路径受到市场与官方的双重认可。因此，汇通达与本文研究问题相匹配，具有典型代表性。另一方面，遵循启示性原则[②]。汇通达深耕下沉市场多年，一直致力于探索以数字化方式重塑农村现代化流通体系，打造双向流通的商业生态网络，这不仅创造了商业价值，还在推动全国农村商业组织变革、精准扶贫、乡村振兴和数字乡村建设等方面成效显著，创造了巨大的社会价值。汇通达独特的场景模式沉淀了助力乡村振兴的关键经验和关键能力，从而为行业、市场提供良好的发展思路和示范。

（三）数据收集

为提高数据和结论的信效度，本文采用多重数据来源形成三角验证[③]，如表1所示。一是深度访谈。研究团队根据研究问题和相关理论设计访谈提纲，分别对汇通达西安、郑州的区域负责人、铁军团队（开发和服务会员店的客户经理团队）、会员店、代理人、农村消费者等主体进行深度访谈，从而得到汇通达的发展历程、发展模式、主体间合作、场景赋能等广泛信息。访谈时

---

① 苏敬勤，刘静. 案例研究规范性视角下二手数据可靠性研究[J]. 管理学报，2013，10（10）：1405–1409.
② Siggelkow N. Persuasion with case studies [J]. Academy of Management Journal，2007，50（1）：20–24.
③ Yin R K. Applications of case study research [M]. London：Sage Publications，2011.

间均不低于30分钟，每次访谈至少有两名研究人员进行记录和观察，访谈全程录音并及时整理形成第一手文档资料。二是参与式观察。线下参与观察铁军推广服务、会员店运营，实操数字化工具；线上持续跟踪铁军团队、会员店、代理人的微信社群。三是二手资料。鉴于汇通达的独特模式和显著成果，其二手资料非常丰富，便于团队收集。

（四）数据分析

本文采用Gioia等[①]提出的"一阶—二阶—聚合"三层次编码的结构化数据处理方式。首先，梳理案例企业的里程碑事件，使用忠实于受访者原话和资料原文的语言进行编码，提炼出数字化思维赋能、跨界合作等28个一阶概念；其次，对一阶概念进行抽象归类，结合双向产品需求、数字化连接赋能等12个二阶主题，以描述和解释相关概念；最后，根据涌现的理论维度，对具有相似性的二阶主题进行聚合，提炼出场景洞察、场景创造、场景赋能和网络创新4个聚合构念，最终形成一个三阶复合的数据结构，如图1所示。在数据分析过程中，团队成员采用"背靠背"编码和反复迭代的方式确保形成稳健且饱和的理论模型。

表1 数据来源与编码

数据来源	数据内容				
	访谈对象	访谈内容	访谈人数	访谈时长（min）	数据编码
深度访谈	区域负责人	发展历程、发展模式、组织管理、业务赋能	2	178	A_1
	铁军团队	会员店维护、新会员开发、线上线下服务	6	420	A_2

---

① Gioia D A，Corley K G，Hamilton A L.Seeking qualitative rigor in inductive research：Notes on the Gioia methodology［J］.Organizational Research Methods，2013，16（1）：15-31.

续表

数据来源	数据内容				
	访谈对象	访谈内容	访谈人数	访谈时长（min）	数据编码
深度访谈	会员店	线上线下社群三店运营、数智化工具使用、营销管理	8	510	A_3
	代理人	代理人机制、门店活动推广、需求资源反馈、社群维护	6	245	A_4
	农村消费者	门店服务评价、需求变化与满足、农资上行、新农人培训	6	212	A_5
参与式观察	线下参与观察铁军推广服务、会员店运营，实操体验汇通达商城、会员店的"超级老板"和"汇享购"等数字化工具以及铁军团队与代理人的信息管理工具等；线上持续跟踪铁军团队、会员店、代理人的微信社群，获取更多信息				A_6
二手资料	汇通达官网、微博、微信公众号、年报、行业报告、文献和媒体报道等				A_7

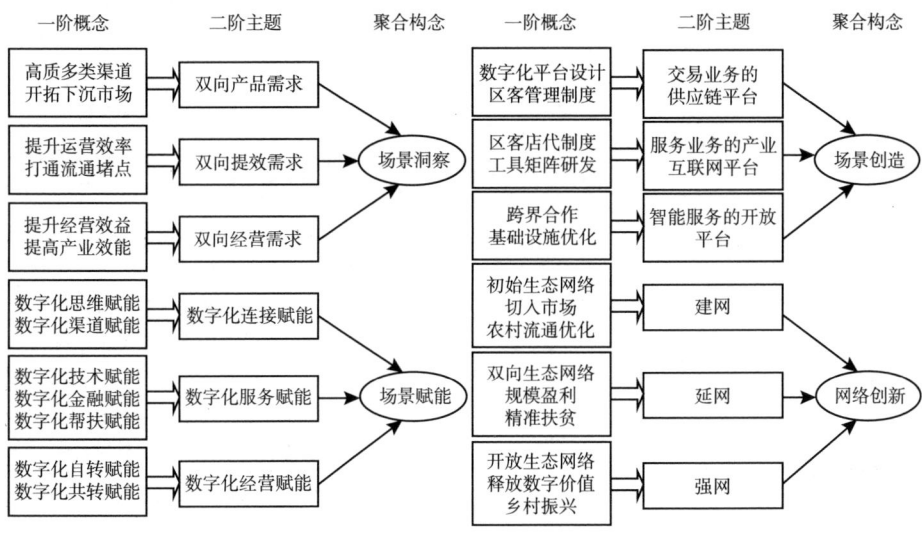

图1 数据结构

四、案例分析与发现

为深刻剖析产业互联网平台场景驱动商业生态系统创新演化的路径和机制，本文按照"场景洞察—场景创造—场景赋能—网络创新"的逻辑分别对建网、延网、强网3个阶段进行分析，阐明其内在的复杂过程及路径机理。

（一）交易场景赋能的建网阶段（2010—2014年）

创业初期是汇通达对城市产品与农村市场之间的渠道断点的识别与解决阶段，通过构建交易平台场景激活农村零售终端与品牌商之间的数字化连接，建立农村市场的商品下行网络。建网阶段编码示例见表2。

表2 建网阶段编码示例

聚合构念	二阶主题	一阶概念	部分原始证据（关键词提炼）
场景洞察	双向产品需求	高质多类渠道	A_1农村市场商品品类不健全、服务不到位（品类不健全）
场景创造	交易业务的供应链平台场景	开拓下沉市场	A_1大城市的流量红利趋于消失，下沉市场成为新的增量空间（增量空间）
		数字化平台设计	A_1快消品渠道比较多，农村市场更欠缺"三高"产品（选择"三高"产品）
		"区客"管理制度	A_3工作人员来了很多次，详细解说平台活动和平台使用方法（客户经理团队服务）
场景赋能	数字化连接赋能	数字化思维赋能	A_7普遍存在触网能力薄弱、管理理念落后等不足（管理理念落后）
		数字化渠道赋能	A_2一体式采购和公交化物流为零售店提供高效服务（公交化配送物流）
			A_1农村的商业流通必将数字化、网络化，乡镇夫妻店就是这个中心支点（农村网络支点）
网络创新	建网	切入市场	A_7截至2014年年底，汇通达覆盖全国8个省、7000多家会员店（农村市场覆盖度）
		农村流通优化	A_7助力农村零售流通渠道优化及零售业态升级（零售渠道优化）

1. 场景洞察：双向产品需求

汇通达基于需求痛点识别出农村市场的产品消费需求和产业的产品下沉需求。

（1）高质多类渠道。汇通达建立之初主要瞄准三、四线城市的下沉市场，进行家电销售，随着业务推进，汇通达发现农村流通市场面临着进货渠道单一、品类欠缺、质量缺乏保障等难点，具有很大发展空间，随后瞄准乡镇市场。

（2）开拓下沉市场。经过多年深度开发，一、二线城市的市场日渐饱和，下沉市场因其巨大的人口红利和消费升级趋势成为新的蓝海市场。然而，下沉市场尤其是农村市场面广而散，各地基础设施水平参差不齐，导致企业单独开拓农村市场的成本高昂，急需借助专门渠道开拓下沉市场。

2. 场景创造：交易业务的供应链平台场景

汇通达通过打造提供交易业务的产业下沉供应链平台满足双向产品需求。平台场景构建主要依赖于需求洞察基础上的数字技术支撑和社会关系管理，汇通达通过数字化平台设计、"区客"管理制度设计打造和推广交易平台。

（1）数字化平台设计。汇通达利用农村市场熟人经济的特点，选择存量乡镇零售店作为平台的目标客户，开展 B2B 业务。对于平台商品，汇通达放弃容易做的快消品，选择农民更为需要的但因价值高、服务和体验要求高导致同行不愿做的"三高"产品，在切实满足农民需求的同时，与其他快消品电商建立了市场区隔。

（2）"区客"管理制度。汇通达基于农村熟人关系网络设计平台推广机制——"区客"管理制度。考虑到传统乡村分销模式中每个经销商都有长期合作的零售店，汇通达采用合资模式择优投资经销商，将其转化为区域公司，即"区"，负责区域市场开拓和经营管理等；"客"是指组建负责开发与服务零售店的客户经理团队，大部分是原经销商的资深销售，与零售店是"老相识"，因而能够大幅提高汇通达的推广和服务效率。

3. 场景赋能：数字化连接赋能

数字化连接赋能是指汇通达在发展交易业务的过程中，通过对内外部相关主体进行数字化思维赋能、数字化渠道赋能，激活更多网络主体的数字化意识和数字化连接。

（1）数字化思维赋能。汇通达创业初期面临的最大问题是农村数字化思维欠缺所引发的"闭目塞听"和对发展前景的忧虑，导致其不敢尝试新模式。为此，针对传统经销商，汇通达通过允许其继续持有原品牌代理权、合资入股四六分成等措施说服经销商合作组建区域公司；针对乡镇零售店，除安排客户经理团队坚持不懈地宣传、演示和服务，培养零售店主的数字化思维之外，汇通达还多次组织店主到合作门店参观，熟人间的口碑宣传促使单店行为变成群体行为。

（2）数字化渠道赋能。汇通达在经销商原有渠道的基础上通过"做加法"增加数字化渠道，同时，它为零售店提供了类广、质优、价廉、快速的线上产品渠道。汇通达直接与品牌商合作，在保证产品质量、丰富产品种类的同时，减少交易环节，让利于终端和农民。此外，汇通达还制定了规范化的"公交化"配送货制度，高效的配送模式相当于零售店的线上虚拟仓库，不用压货，从而减轻其资金负担。

4. 网络创新：建网

在交易场景赋能阶段，汇通达初步构建起生态网络，使网络各节点共同创造出切入市场的商业价值和优化农村流通体系的社会价值。

（1）初始生态网络。汇通达通过交易平台的推广和赋能，初步形成以汇通达为核心，以农村终端零售店为抓手，连接品牌商、汇通达、区域公司/经销商、零售店的农村市场下行生态网络。

（2）切入市场。汇通达成功打开了农村市场，截至2014年年底，汇通达已在全国8个省份布局7000多家乡镇零售店，连接的品牌商已由最初的家用电器扩展到农资农机、家居建材等领域。

（3）优化农村流通体系。汇通达通过在农村市场构建数字化流通生态，减少流通环节，完善物流仓储等基础设施，提高流通效率，实现农民消费方式的便捷化、品质化、体验化和数字化升级。

(二)服务场景赋能的延网阶段(2015—2018年)

创业中期是汇通达对初步构建的生态网络节点的运营效率弊点和连接堵点的识别与解决阶段。通过构建服务平台场景,为终端零售店和农民提供多元服务,建立双向流通网络。延网阶段编码示例见表3。

表3 延网阶段编码示例

聚合构念	二阶主题	一阶概念	部分原始证据(关键词提炼)
场景洞察	双向提效需求	提升运营效率	A_2 不少农村夫妻店还在记手工账(手工记账)
		打通流通堵点	A_1 工厂产品能最快、最直接地抵达终端消费者(快速抵达)
场景创造	服务业务的产业互联网平台场景	"区客店代"制度	A_1 前端差异化、个性化,后台标准化、流程化的会员店发展计划(升级会员店)
		工具矩阵研发	A_1 结合农民的使用习惯为代理人量身打造一套信息化工具(代理人工具)
场景赋能	数字化服务赋能	数字化技术赋能	A_6 "超级老板""汇享购"助力会员店进行进销存管理、社群分销等(会员店管理系统)
		数字化金融赋能	A_7 汇商贷为乡镇零售店提供更便捷高效的金融服务(金融服务)
		数字化帮扶赋能	A_7 直接和间接带动乡镇本地创业就业超80万人(帮就业)
网络创新	延网	双向生态网络	A_1 打通了农产品和农村闲置资源的上行通路(打通上行路径)
		规模盈利	A_7 截至2018年年底,汇通达销售额达352亿元,同比增长49%(大规模增收)
		精准扶贫	A_1 不仅让农民"买得好、少花钱",更让农民"卖得好、多赚钱"(拓宽农民收入渠道)

1. 场景洞察:双向提效需求

该阶段的需求洞察源于汇通达的资源编排。在业务接触过程中,汇通达识别出零售店的信息化提效需求和农民的农产品上行需求。

(1)提升运营效率。乡村零售店运营存在业务混乱、财务不清以及对年轻消费者的消费习惯和社群营销等新工具、新模式缺乏了解等问题,使得门店无法做到信息化,试图改变却又无从下手。

(2)打通流通堵点。当前农村市场不仅存在城市产品"下不来"的困境,还存在农村资源"上不去"的难题，主要原因在于存在流通堵点，无法精准地了解农民需求和获取相关资源。因此，汇通达通过直接触达终端消费者，将农民纳入价值共创过程，提高农需、农资流通效率。

2. 场景创造：服务业务的产业互联网平台场景

为满足双向提效需求，汇通达从卖货思维转变为服务思维，通过优化关系管理制度和研发智能工具将交易场景升级为服务场景，致力于为终端零售店和农民提供服务支持。

（1）"区客店代"制度。汇通达将"区客"管理制度升级为"区客店代"制度。"店"是指会员店，汇通达将接入"汇管家"统一后台的零售店升级为会员店，提供多种数字化服务；"代"是指村级代理人，汇通达在每个村选择意见领袖（妇女主任等）作为连接会员店与村民的桥梁，在宣传店铺的同时，将村民需求、闲置资源信息反馈给会员店。

（2）工具矩阵研发。数字化工具研发是提供数字化服务的根本着力点。汇通达针对会员店研发了高清触摸大屏POS机、"汇管家"后台、"惠掌柜"App、"超级老板"App"汇享购"App等数字化工具，针对铁军团队研发了会员店管理系统，针对代理人研发了粉丝管理系统。

3. 场景赋能：数字化服务赋能

汇通达通过构建服务平台，为网络节点提供数字化技术服务、数字化金融服务和数字化帮扶服务。

（1）数字化技术赋能。第一，汇通达通过数字化培训将客户经理团队升级为铁军团队，负责对会员店进行数字化培训、经营培训等。第二，汇通达通过提供免费类SaaS产品体系和铁军团队的培训帮扶，为会员店提供"一店三开"（线上、线下、社群）、进销存管理等技术服务，推动门店降本增效和业务裂变式增长。第三，汇通达培养代理人通过社群发展粉丝、开展宣传活动和收集农民资源信息的能力，打通商品下行和农民资源上行渠道。

（2）数字化金融赋能。乡镇"三高"行业面临的一个关键问题是旺季资金周转不灵，原因是农村金融市场发展不足、贷款难、融资贵。为此，汇通达联手阿里巴巴推出"汇商贷"，为资信良好的会员店提供在汇通达体系内结算的短期贷款，不可取出，随借随还，按天计息，解决会员店的资金周转难题。

（3）数字化帮扶赋能。汇通达以会员店为支点全面统筹农村资源与需求。第一，打造集采收、加工、物流、销售于一体的农产品数字供应链，助力农产品反向上行，为滞销农产品打开销路；第二，采集劳务信息，帮助农民进城就业；第三，打造微物流项目，调用农村闲散人力和车辆进行"最后一公里"配送；第四，与地呱呱平台共享农房、农地大数据，帮助农村房地资源出租出售；第五，帮助安装光伏发电设备。

4. 网络创新：延网

在服务场景阶段，汇通达构建双向流通的生态网络，使网络各节点共同创造出规模盈利的商业价值和精准扶贫的社会价值。

（1）双向生态网络。汇通达通过服务平台推广和赋能，在初始生态网络的基础上向下延伸至终端消费者，打通了连接品牌商、汇通达、区域公司/经销商、会员店、代理人、农民的双向流通生态网络。

（2）规模盈利。截至2018年年底，汇通达已在全国20个省份、17300个乡镇布局10.5万余家会员店，服务近7000万户农民家庭和3亿农村人口，经营品类由家电拓展至6个大类，销售额达352亿元。

（3）精准扶贫。汇通达响应国家精准扶贫号召，打通乡村资源双向流通"大动脉"，探索出一条真正助农富农的道路，帮助农民盘活农产品和闲散资源，拓宽农民收入渠道，带动农民就业创业，从而实现增产增收、精准扶贫的目的。

（三）开放场景赋能的强网阶段（2019年至今）

成熟期是汇通达对双向生态网络纵横向拓展的识别与解决阶段，其将服务场景升级为智能服务场景，利用模式复制为更多的网络节点企业提供一站式场景化解决方案，通过纵横向拓展构建开放型智能生态网络。强网阶段编码示例见表4。

表 4　强网阶段编码示例

聚合构念	二阶主题	一阶概念	部分原始证据（关键词提炼）
场景洞察	双向经营需求	提升经营效益 提高产业效能	A_3　过去依靠经验和感觉决定进什么货和进多少（经验决策） A_2　农民对空调的要求不是变频而是在低电压下使用，而且遥控器越简单越好（农村更应定制化）
场景创造	智能服务的开放平台场景	跨界合作 基础设施优化	A_1　与更多专业服务商合作推进汇通达的平台建设（服务商合作） A_5　汇通达连接了超1万辆社会化车辆，布局了500多个云仓（供应链优化）
场景赋能	数字化经营赋能	数字化自转赋能 数字化共转赋能	A_3　我们现在会根据销售数据灵活设置活动产品（数据分析决策） A_7　通过汇通达我们能听到市场的声音，调整生产计划（调整生产计划）
网络创新	强网	开放生态网络 释放数字价值 乡村振兴	A_7　截至2021年年底，在线撮合业务方面，汇通达与1100多家第三方供应商达成合作（第三方供应商合作） A_7　截至2022年8月，汇通达SaaS+业务订阅用户数达到11.08万家，同比增长55.1%；服务业务收入3.64亿元，同比增长117.2%（智能服务业务增） A_1　汇通达累计培训超10万名新农商（新农商）

1. 场景洞察：双向经营需求

该阶段的需求洞察源于汇通达的战略愿景牵引。双向生态网络打通后，汇通达的战略目标不是提高毛利率，而是通过推进网络节点企业的数字化转型来打破网络内外部的"数据孤岛"，并持续做大规模。

（1）提升经营效益。引入信息化工具后，会员店业务混乱、财务不清的问题有所改善，但线上经营、营销方案设计、数据分析决策等方面仍存在不足，这导致经营效益低下。由于会员店的规模支撑和数据反馈是平台吸引外部优质行业资源的基础，因此汇通达急需提升会员店的数字化经营能力。

（2）提高产业效能。乡镇迫切需要定制化生产，生产商以产定销的模式使生产与需求脱节，难以满足农村市场需求，因此其急需打通产业数据流堵点，根据销售数据、需求信息等进行分析和决策，实施以销定产模式。

2. 场景创造：智能服务的开放平台场景

为满足双向经营需求，汇通达从一般服务思维转变为智能服务思维，将服务场景升级为智能服务场景，通过跨界合作和基础设施优化，提升农村商业数字化服务的智能水平。

（1）跨界合作。一是战略合作。汇通达与阿里巴巴合作启动"S2B2C 原生云"项目，整合双方资源，极大地提高了汇通达的数字化能力，同时与格力、美的、海尔等上百家行业龙头企业开展战略合作。二是与第三方服务商合作。汇通达通过广泛招募 SaaS 服务商，实现对会员店的"帮卖""帮买""帮管理"。三是政企合作。一方面，国有资本投资汇通达有利于促进农村商业供给侧改革；另一方面，汇通达与地方政府合作建设数字化产业园区和县域流通体系。

（2）基础设施优化。在 IT 基础设施方面，汇通达加大研发投入，加强跨界合作，持续升级 SaaS 产品服务和提高变现能力。在供应链建设方面，汇通达开发行业定制化系统，通过布局 500 多个云仓，调用 1 万多辆合作车辆，采用多套便捷高效的仓储物流方案，从而构建数智化仓配体系，为会员店提供精准高效的商品配送解决方案。

3. 场景赋能：数字化经营赋能

汇通达通过提供个性化、场景化的数字解决方案，助力各节点企业实现数字化转型，打破节点企业内部"数据孤岛"，提高其数字化分析决策能力。同时，汇通达整合网络数据，打破外部"数据孤岛"，推动反向定制和农村资源高效上行。

（1）数字化自转赋能。数字化自转赋能是指助力网络节点企业的数字化转型，打破内部"数据孤岛"。一方面，汇通达为上游制造商、品牌商及渠道合作伙伴提供数字基建、精准营销、定制软件等数字化解决方案，助力上游产业链各节点企业实现数字化转型。另一方面，汇通达通过免费和收费型 SaaS 产品体系为会员店提供线上经营、数据分析及定制营销等数字化服务，提高了会员店的数字化运营能力。此外，汇通达还联合政府开设多种网络课程，以培育新农商、新农人。

（2）数字化共转赋能。数字化共转赋能是指通过共享产业链数据引导上游反向生产。汇通达通过统一的底层设备层和过程控制层实现端到端的数字化连通，打破外部"数据孤岛"。汇通达通过会员店这一超级端口收集农村需求和资源大数据,一方面将乡镇需求与供应链生产相连接,推动以需定产、以需定研、以需定进;另一方面,将城市需求与农产品种植相连接,推动以需定植,同时引导农村资源高效上行。

4. 网络创新:强网

在智能服务场景赋能阶段,汇通达构建开放生态网络,使网络各节点共同释放数字价值并创造乡村振兴的社会价值。

(1)开放生态网络。汇通达通过开放平台的推广和赋能,打造了连接品牌商、汇通达、战略合作企业、第三方服务商、政府、区域公司、会员店、代理人、农民等利益相关者的开放型数字化生态网络,提高了网络数字力和竞争力。

(2)释放数字价值。由强网实践可知,数字化从以流程为中心转向以数据为中心,即由自转(提高运营效率)向共转(提高经营效益)升级,提高了节点企业个体和生态网络整体的数字化能力,基于生态网络的数据互通互联创造了更高的效益,提高了商业生态网络竞争力。

(3)乡村振兴。汇通达通过改造乡镇传统实体商业网点助力农村资源上行,通过培育新农商、新农人实现扶贫、扶志和扶智,通过政企共建打造县域商贸流通体系。从乡村数字经济、数字农业、数字生活、数字治理等方面全面助力乡村振兴和数字乡村建设。

五、结果讨论

围绕产业互联网平台如何通过不同场景阶段的数字化赋能驱动商业生态系统创新演化这一核心问题,基于汇通达的商业生态系统演化过程,本文构建了场景驱动商业生态系统创新的机制模型,如图2所示。

1. 场景驱动商业生态系统创新的逻辑基础:场景洞察—场景创造—场景赋能—网络创新

平台场景洞察决定平台创造何种应用场景,场景通过赋能连接并作用于相关利益主体,从而实现商业生态网络节点拓展和价值共创。交易场景阶段,平台洞察农村市场和上游产业的双向产品流通需求，搭建提供交易业务的供应链平台场景，通过数字化连接赋能驱动商业生态网络初步构建（建网）；服务场景阶段，平台洞察终端零售和农民的双向提效需求，搭建提供服务业务的产业互联网平台场景，通过数字化服务赋能驱动商业生态网络纵向延伸和双向流通（延网）；开放场景阶段，平台洞察终端零售和上游产业的双向经营需求，搭建提供智能服务的开放平台场景，通过数字化经营赋能驱动生态网络节点个体和网络整体数字化转型（强网）。

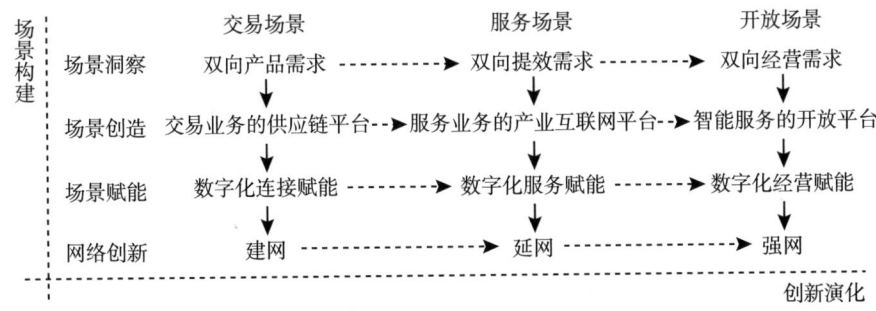

图 2　场景驱动商业生态系统创新机制模型

2. 场景驱动商业生态系统创新的动态机制：三重嵌入下场景数字化赋能驱动的价值共创主、客体创新

场景驱动商业生态系统创新的动态过程可分为三重嵌入触发场景创新和场景赋能触发商业生态系统创新，其动态过程及机制如表 5 所示。

（1）需求、技术、关系三重嵌入触发场景创新

场景洞察源于需求痛点的挖掘、资源的编排[①]和使命愿景的牵引[②]。场景创造有赖于数字技术对平台场景的结构架构和社会关系对平台场景的制度架构。因此，需求挖掘引领是场景创造和创新的起点，数字技术和社会关系管理是场景创造与创新的支撑，需求、技术、关系的循环联动能为场景创新、

---

① 孙永波，丁沂昕，杜双．冗余资源、资源拼凑与创业机会识别的非线性关系研究[J]．科研管理，2022，43（1）：105-113.
② 尹西明，苏雅欣，陈劲，等．场景驱动的创新：内涵特征、理论逻辑与实践进路[J]．科技进步与对策，2022，39（15）：1-10.

场景驱动商业生态系统创新提供持续动力源。

表 5 场景驱动商业生态系统创新的动态过程及机制

过程	机制	交易场景	服务场景	开放场景
场景创新过程	需求挖掘引领 数字技术支撑：结构架构 社会关系管理：制度架构	痛点挖掘 支撑平台企业 熟人关系	资源编排 支撑节点企业 熟人关系	战略牵引 支撑网络 开放关系
商业生态系统创新过程	三重嵌入机制	需求：高质多类渠道 开拓下沉市场 技术：数字化平台设计 关系："区客"管理制度	需求：提升运营效率 打通流通堵点 技术：工具矩阵研发 关系："区客店代"制度	需求：提升经营效益 提高产业效能 技术：基础设施优化 关系：跨界合作
	场景创新 数字化赋能 价值共创主体创新 价值共创客体创新	交易业务的供应链平台 数字化连接赋能 品牌商、经销商、零售店 商业价值+社会价值	服务业务的产业互联网平台 数字化服务赋能 代理人、农民 商业价值+社会价值	智能服务的开放平台 数字化经营赋能 跨界合作方、客户 商业价值+社会价值
	驱动机制	连接赋能：数字化思维赋能，数字化渠道赋能 网络节点：初始生态网络 商业价值：切入市场 社会价值：农村流通优化	服务赋能：数字化技术赋能，数字化金融赋能，数字化帮扶赋能 网络节点：双向生态网络 商业价值：规模盈利 社会价值：精准扶贫	经营赋能：数字化自转赋能，数字化共转赋能 网络节点：开放生态网络 商业价值：释放数字价值 社会价值：乡村振兴
	商业生态系统创新	建网	延网	强网

交易场景阶段，平台企业基于痛点挖掘识别出高质多类产品渠道需求和下沉市场开拓需求，通过平台数字化设计和基于熟人关系的"区客"管理制度设计，构建提供交易业务的供应链平台场景。服务场景阶段，平台企业通过对已有的会员店、品牌商、技术等资源进行重新编排，识别出终端零售的运营效率提升需求和农民打通流通堵点的需求，通过对网络各节点的工具矩阵研发和基于熟人关系的"区客店代"制度优化，构建提供服务业务的产业互联网平台场景。开放场景阶段，平台企业根据发展战略洞察新的场景机会，即打破内外

部"数据孤岛",提高终端零售经营效率和产业效能,在此基础上,通过加强支撑生态网络运作的基础设施建设和基于开放关系的跨界合作,构建提供智能服务的开放平台场景。需求挖掘引领、数字技术支撑和社会关系管理之间的协同迭代,驱动平台企业实现交易场景、服务场景、开放场景的创新。

(2)场景数字化赋能触发商业生态系统创新

本文从价值共创主、客体2个节点以及连接重构、商业价值和社会价值3个维度衡量商业生态系统创新。场景通过各阶段的数字化赋能拓展网络节点、改进节点间的连接方式并提高连接效率,驱动商业价值和社会价值同步提升,从而实现商业生态系统创新。

交易场景阶段,平台通过数字化思维赋能、数字化渠道赋能激活传统经销商与零售店的数字化意识和数字化连接,构建以农村终端零售店为抓手的初始生态网络,成功切入农村市场(商业价值),优化农村流通体系(社会价值)。服务场景阶段,平台通过数字化技术赋能和数字化金融赋能提高会员店的运营效率,通过数字化技术赋能和数字化帮扶赋能打通与农民之间的连接堵点,构建下延至代理人、农民的双向流通生态网络,实现规模盈利(商业价值),盘活农产品和农民闲散资源,帮助农民就业创业,从而实现精准扶贫(社会价值)。开放场景阶段,平台通过数字化自转赋能和数字化共转赋能,助力生态网络节点企业和网络整体数字化转型,打破内外部"数据孤岛",释放数字价值(商业价值),同时通过培育新农商、新农人实现扶贫、扶志和扶智,全面助力乡村振兴和数字乡村建设(社会价值)。场景通过不同阶段的数字化赋能,驱动商业生态系统实现从建网、延网到强网的创新演化。

六、启示与展望

(一)理论贡献

第一,本文在已有场景构建研究的基础上提出场景驱动商业生态系统创新的逻辑基础,并且从需求挖掘引领、数字技术支撑、社会关系管理三重嵌入视角和数字化赋能视角打开了场景创新和场景驱动商业生态系统创新过程机制的"黑箱",为后续研究提供了借鉴。第二,本文创新性地从价值共创主、客体2个网络节点与连接重构、商业价值、社会价值3个维度综合衡量商业生态系统创新,弥补了现有研究多从网络重构或商业价值创造等单一视角衡量且忽视社会价值的不足。第三,对产业互联网平台数字化赋能的研究一方面拓展了数字化赋能的研究情境,揭示了数字化赋能在场景创新与商业生态系统创新间的作用机制;另一方面,本文基于3个场景阶段构建了涵盖3个维度、7个方面的数字化赋能体系,丰富了数字化赋能方式。

(二)管理启示

本文对企业场景创新、商业生态系统创新的启示如下:第一,强化需求管理,机会引领创新迭代。场景创新的本质是对场景需求的精准满足,需求洞察是企业场景构建和创新迭代的起点,也是生态网络构建和价值共创的起点。企业可通过挖掘痛难点、资源编排、愿景牵引等方式精准把握需求,从而引导场景创造、赋能和创新。第二,重视关系管理,促进资源流通。关系管理是满足场景需求的重要支撑要素,尤其在农村市场,"关系"能够为场景推广、网络搭建、价值共创提供信任资本、多源信息、感情支持等,从而提高创新效率。第三,培养共生利他情怀,协同创造社会价值。汇通达以共生逻辑与产业生产端、零售端、农村需求端共生,以利他思维为各端口、各节点提供多元数字服务,激发农村发展内在潜能,推动传统产业转型升级和乡村振兴,创造社会价值。

(三)局限与展望

尽管本文对产业互联网平台场景创新驱动商业生态系统创新的逻辑机制进行了深入探讨,但仍存在一些不足。第一,本文通过纵向单案例研究方法探索场景驱动机制,这在一定程度上限制了结果的推广性和拓展性,未来可采用多案例研究方法以提高结论的普适性。第二,本文立足产业互联网平台视角、未来可拓展研究视角,一方面强化本文的理论模型,另一方面尽可能地挖掘新的驱动机制。

战略篇

组织合法性对企业成长的"双刃剑"效应研究*

一、引言

一直以来,组织的合法性问题受到学术界的广泛关注。① 但通过文献回顾不难发现,以往研究在"组织合法性如何影响企业绩效"这一问题上并未达成一致。主流观点认为,组织合法性是企业成长的一个重要保障。在组织管理领域,Zimmerman 等人② 提出了"合法性—资源—成长"经典理论框架,以资源获取为主线,通过整合制度理论与战略管理逻辑,系统解释了组织合法性对企业绩效的影响机制。据此框架,组织合法性能够帮助企业获取发展所需的关键资源,从而对企业绩效产生重要影响。③ 不少学者支持 Zimmerman 等人④ 的观点,认为获得关键利益相关者的认可对企业的生存和

---

* 本文原载于《南开管理评论》2018 年第 5 期,作者系郭海、沈睿、王栋晗(通讯作者)、陈叙同,收入本书时有改动。

① Überbacher F.Legitimation of new ventures: A review and research programme [J].Journal of Management Studies, 2014, 51(4): 667–698.

② Zimmerman M A, Zeitz G J.Beyond survival: Achieving new venture growth by building legitimacy [J].Academy of Management Review, 2002, 27(3): 414–431.

③ Lounsbury M, Glynn M A.Cultural entrepreneurship: Stories, legitimacy, and the acquisition of resources [J].Strategic Management Journal, 2001, 22(6/7): 545–564.

④ Zimmerman M A, Zeitz G J.Beyond survival: Achieving new venture growth by building legitimacy [J].Academy of Management Review, 2002, 27(3): 414–431.

发展至关重要。①②③ 不过，也有不少学者指出，组织合法性并不总是有利的，它可以通过增加交易成本、增大竞争压力两种方式阻碍企业的成长。例如，袁建国等④、陈刚⑤均指出了合法性背后的隐性成本和"政治包袱"。Guo等⑥则发现，过高的组织合法性与企业追求战略差异的逻辑相冲突，这在一定程度上会抑制初创企业的创新能力。上述两种观点的对立催生了第三种观点，即组织合法性的"双刃剑"观点：组织合法性对企业绩效的影响具有两面性，有利也有弊。⑦⑧ 例如，以 Zhao 等人为代表的研究关注企业的"最优区分"问题，他们认为合法化战略可以通过一致性机制帮助企业降低外部环境压力，但同时可能会削弱企业的独特性。因此，企业需要在差异化与一致性之间寻求平衡。⑨

本文认为，上述研究分歧的出现有两个原因：第一，合法性的"受众（Audience）"是多样的，不同受众对组织合法性的评价标准不同，影响企业成长的机制也就不同。因此，很有必要引入利益相关者的视角。第二，企业

---

① Delmar F, Shane S.Legitimating first: Organizing activities and the survival of new ventures［J］. Journal of Business Venturing, 2004, 19（3）: 385–410.
② Oliver C.Sustainable competitive advantage: combining institutional and resource‐based views［J］. Strategic Management Journal, 1997, 18（9）: 697–713.
③ Rao R S, Chandy R K, Prabhu J C.The fruits of legitimacy: Why some new ventures gain more from innovation than others［J］.Journal of Marketing, 2008, 72（4）: 58–75.
④ 袁建国，后青松，程晨.企业政治资源的诅咒效应：基于政治关联与企业技术创新的考察［J］.管理世界, 2015（1）: 139–155.
⑤ 陈刚.管制与创业：来自中国的微观证据［J］.2015（5）: 89–99.
⑥ Guo H, Tang J, Su Z.To be different, or to be the same?The interactive effect of organizational regulatory legitimacy and entrepreneurial orientation on new venture performance［J］.Asia Pacific Journal of Management, 2014, 31: 665–685.
⑦ Ashforth B E, Gibbs B W.The double–edge of organizational legitimation［J］.Organization Science, 1990, 1（2）: 177–194.
⑧ Zhao E Y, Fisher G, Lounsbury M, et al.Optimal distinctiveness: Broadening the interface between institutional theory and strategic management［J］.Strategic Management Journal, 2017, 38（1）: 93–113.
⑨ Zhao E Y, Fisher G, Lounsbury M, et al.Optimal distinctiveness: Broadening the interface between institutional theory and strategic management［J］.Strategic Management Journal, 2017, 38（1）: 93–113.

的成长逻辑是多样的，不同成长逻辑、路径和绩效目标对组织合法性提出的要求不同。然而，已有的研究忽视了对不同成长逻辑和绩效标准的区分。为了进一步开展"组织合法性与企业成长"这一学术对话，本文区分了两类关键的组织合法性（政治合法性与市场合法性）以及反映企业成长表现的两种基本逻辑（产品创新与市场扩张）。在此基础上，基于资源管理理论和制度逻辑理论，围绕政治合法性、市场合法性与产品创新、市场扩张之间的关系，提出了理论假设。实证研究发现，政治合法性削弱了企业的产品创新能力，促进了企业的市场扩张；市场合法性对企业的产品创新和市场扩张均发挥了积极作用；在市场扩张方面，政治合法性与市场合法性发挥互补性作用；在产品创新方面，政治合法性与市场合法性存在冲突效应。本文主要从两个方面开展了"组织合法性与企业成长"这一学术对话：第一，通过区分不同的受众和企业不同的成长逻辑深化了对组织合法性作用的理解；第二，支持并发展了组织合法性的"双刃剑"观点。

二、文献回顾

（一）组织合法性

"合法性"（Legitimacy）概念最早由德国社会学家韦伯引入社会学研究领域。在20世纪七八十年代，新制度主义学派进一步阐释了合法性的概念，并将其应用到组织管理领域。按照1995年Suchman[1]的定义，合法性是指"一个普遍的观念或推定，在社会建构的规范、价值、信仰和定义体系下，一个社会实体的行动是适宜的、合理的、正当的"。社会评价视角认为，合法性是指组织被特定受众认可或支持的程度。[2]一个组织在受众眼中被认为是合法、

---

[1] Suchman M C.Managing legitimacy: Strategic and institutional approaches [J].Academy of Management Review, 1995, 20（3）: 571-610.
[2] Zimmerman M A, Zeitz G J.Beyond survival: Achieving new venture growth by building legitimacy [J].Academy of Management Review, 2002, 27（3）: 414-431.

合理的，这有助于组织获取发展所需的关键资源。①②③

为了理解组织合法性对企业行为及结果的影响，学者们普遍采取以下两个理论视角：战略视角和制度视角。战略视角将合法性视为企业的一种资源，这种资源能为企业撬动其他资源。④⑤按照资源基础理论的观点，企业拥有的有价值、稀缺、难以模仿和无法替代的资源是企业持续竞争优势的来源。⑥战略视角的合法性对企业而言就是一种可以利用的组织资源，影响企业的战略选择和绩效。制度理论则认为，合法性是社会构建出来的规范和行为准则，而组织是环境的一部分，需要通过遵守社会规范、采取符合社会期待的行动等方式获得合法性，进而缓解外部压力，以维系企业的生存与发展。⑦⑧

战略视角和制度视角对组织合法性解释的差异体现在两个方面：第一，战略视角从效率逻辑出发，强调企业通过最优化资源选择和配置获取独特的竞争优势；而制度视角指出，效率逻辑是有条件的，资源的选择和使用嵌入制度环境之中，必须符合社会标准和判断。第二，战略视角强调"赋能"，其认为合法性高的组织拥有资源优势，更有能力采取创新性行动，以保持竞争

---

① Überbacher F.Legitimation of new ventures：A review and research programme［J］.Journal of Management Studies，2014，51（4）：667-698.

② Zimmerman M A，Zeitz G J.Beyond survival：Achieving new venture growth by building legitimacy［J］.Academy of Management Review，2002，27（3）：414-431.

③ Bitektine A.Toward a theory of social judgments of organizations：The case of legitimacy，reputation，and status［J］.Academy of Management Review，2011，36（1）：151-179.

④ Zimmerman M A，Zeitz G J.Beyond survival：Achieving new venture growth by building legitimacy［J］.Academy of Management Review，2002，27（3）：414-431.

⑤ Oliver C.Sustainable competitive advantage：combining institutional and resource‐based views［J］.Strategic Management Journal，1997，18（9）：697-713.

⑥ Barney J.Firm resources and sustained competitive advantage［J］.Journal of Management，1991，17（1）：99-120.

⑦ DiMaggio P J，Powell W W.The iron cage revisited：Institutional isomorphism and collective rationality in organizational fields［J］.American Sociological Review，1983，48（2）：147-160.

⑧ Meyer J W，Rowan B.Institutionalized organizations：Formal structure as myth and ceremony［J］.American Journal of Sociology，1977，83（2）：340-363.

优势；而制度视角更强调"限制"，认为合法性是组织生存的前提，组织必须遵从社会制度规范，才能降低不确定性风险的冲击。由此可见，不同视角下，组织合法性对企业行为和结果的影响也有所不同。考虑到企业在战略选择时会兼顾效率和制度两个因素，两个视角的整合有助于更好地理解组织合法性对企业成长的复杂影响。[1][2][3]

（二）组织合法性与企业绩效

对组织合法性的已有研究大多有一个前提假设，即认为"合法性总是有益的"。[4]但是，学者们对于组织合法性与企业绩效之间的关系，尚未得出一致结论。

主流观点认为，获得关键利益相关者的认可对企业的生存和发展至关重要，特别是对于那些具有"新进入者劣势"（Liability of Newness）的初创企业。[5][6]在这一方面，较为经典的一个理论分析框架是Zimmerman等[7]提出的"合法性—资源—成长"框架。该框架指出，拥有合法性的企业更有可能获得外部资源，从而支持企业的成长。[8]可见，合法性不仅本身是一种重要的资

---

[1] Zimmerman M A, Zeitz G J.Beyond survival: Achieving new venture growth by building legitimacy [J].Academy of Management Review, 2002, 27 (3): 414–431.

[2] Oliver C.Sustainable competitive advantage: combining institutional and resource-based views[J]. Strategic Management Journal, 1997, 18 (9): 697–713.

[3] Suchman M C.Managing legitimacy: Strategic and institutional approaches [J].Academy of Management Review, 1995, 20 (3): 571–610.

[4] Überbacher F.Legitimation of new ventures: A review and research programme [J].Journal of Management Studies, 2014, 51 (4): 667–698.

[5] Zimmerman M A, Zeitz G J.Beyond survival: Achieving new venture growth by building legitimacy [J].Academy of Management Review, 2002, 27 (3): 414–431.

[6] Delmar F, Shane S.Legitimating first: Organizing activities and the survival of new ventures [J]. Journal of Business Venturing, 2004, 19 (3): 385–410.

[7] Zimmerman M A, Zeitz G J.Beyond survival: Achieving new venture growth by building legitimacy [J].Academy of Management Review, 2002, 27 (3): 414–431.

[8] Zimmerman M A, Zeitz G J.Beyond survival: Achieving new venture growth by building legitimacy [J].Academy of Management Review, 2002, 27 (3): 414–431.

源，而且有利于帮助企业获得发展所需的其他资源（如关键技术）。在中国情境下，已有实证研究表明，合法性能有效促进企业绩效的提升。[1][2]

但一些学者指出，组织合法性并非总是有益的，可能会带来一些负面"代价"。Kraatz等的研究表明，面对环境波动时，企业采取非合法性行为能够取得更好的绩效，一味地遵循合法性要求反而会降低其适应能力。[3] 此外，交易成本理论认为，组织合法性的建立是有成本的。例如，袁建国等[4]发现，企业的政治关联（建立政治合法性的一种重要手段）会导致企业背上"政治包袱"，降低市场竞争力并抑制企业创新；陈刚[5]指出，虽然顺从政府管制可以为企业带来合法性资源，但也会大幅增加创业的成本；李黎等[6]发现，拥有政治资源的企业在战略上反而更加保守。Stone等[7]、Deephouse[8]都关注到了企业面临的"合法性悖论"：一方面，选择差异化战略（Differentiation）能帮助企业获得异质性带来的独特竞争优势，减少市场竞争；另一方面，选择一致性战略（Conformity）可以帮助企业获得更多的合法性资源，降低外部制度环境压力，但会显著削弱企业的差异性。由此可见，企业在面对不同的绩效要求时，需要采取不同的应对策略。

---

[1] 熊会兵，肖文韬，邓新明.企业政治战略与经济绩效：基于合法性视角[J].中国工业经济，2010（10）：138-147.

[2] 杜运周，张玉利，任兵.展现还是隐藏竞争优势：新企业竞争者导向与绩效U型关系及组织合法性的中介作用[J].管理世界，2012（7）：96-107.

[3] Kraatz M S，Zajac E J.Exploring the limits of the new institutionalism：The causes and consequences of illegitimate organizational change[J].American Sociological Review，1996，61（15）：812-836.

[4] 袁建国，后青松，程晨.企业政治资源的诅咒效应：基于政治关联与企业技术创新的考察[J].管理世界，2015（1）：139-155.

[5] 陈刚.管制与创业：来自中国的微观证据[J].管理世界，2015（5）：89-99.

[6] 李黎，莫长炜，蓝海林.政治资源对商业模式转型的影响：来自我国中小企业的证据[J].南开管理评论，2015，18（5）：28-41.

[7] Stone M M，Brush C G.Planning in ambiguous contexts：The dilemma of meeting needs for commitment and demands for legitimacy[J].Strategic Management Journal，1996，17（8）：633-652.

[8] Deephouse D L.To be different，or to be the same？It's a question（and theory）of strategic balance[J].Strategic Management Journal，1999，20（2）：147-166.

上述争论导致一种新的见解出现：组织合法性的"双刃剑"观点。[①][②]该观点认为，组织合法性的作用是双面的。具体来说，其作用受到情境、受众、时间等因素的影响。例如，Guo 等[③]基于创业情境的研究，发现创业导向与合法性的交互作用对新创企业绩效存在负面影响；Zhao 等[④]指出，企业需要根据利益相关者的不同和企业（产业）发展阶段的变化动态，调整其合法化战略与差异化战略，以达到最优区分（Optimal Distinctiveness）的效果。

综上所述，学术界对于组织合法性与企业绩效之间究竟是何关系并未达成共识。本文认为，造成以往研究分歧的原因有两个：受众的多样化和绩效标准的多样性。第一，合法性的"受众"是多样的。正如上文提到的，组织合法性对企业绩效的影响是资源和制度共同作用的结果，资源有助于企业从合法性中获益并成长，制度则约束企业的行为，导致其无法做出最优战略选择。考虑到不同受众提供的资源类型不同，其制度逻辑和利益诉求也不同，[⑤]因此对企业绩效的影响会有明显差异。第二，企业绩效的衡量标准是多样的，即企业在不同领域的绩效表现并不总是一致的。不同衡量标准对企业发展路径以及资源的要求是不一样的，因此会影响合法性与企业绩效之间的关系。过去的研究往往忽视了对不同类型合法性和不同绩效维度的区分，这在一定程度上导致了结论的冲突。因此，为了进一步发展"组织合法性与企业

---

① Ashforth B E, Gibbs B W.The double-edge of organizational legitimation [J].Organization Science, 1990, 1（2）: 177-194.

② Zhao E Y, Fisher G, Lounsbury M, et al.Optimal distinctiveness: Broadening the interface between institutional theory and strategic management [J].Strategic Management Journal, 2017, 38（1）: 93-113.

③ Guo H, Tang J, Su Z.To be different, or to be the same?The interactive effect of organizational regulatory legitimacy and entrepreneurial orientation on new venture performance [J].Asia Pacific Journal of Management, 2014, 31: 665-685.

④ Zhao E Y, Fisher G, Lounsbury M, et al.Optimal distinctiveness: Broadening the interface between institutional theory and strategic management [J].Strategic Management Journal, 2017, 38（1）: 93-113.

⑤ Fisher G, Kuratko D F, Bloodgood J M, et al.Legitimate to whom?The challenge of audience diversity and new venture legitimacy [J].Journal of Business Venturing, 2017, 32（1）: 52-71.

成长"这一学术对话，本研究将结合我国制度转型的背景特点，聚焦"政府"和"市场"这两大核心受众，以资源管理和制度逻辑为理论线索，探讨政治合法性和市场合法性对企业创新与市场扩张这两种成长绩效的复杂影响。

（三）关键概念界定

区分合法性类型的一个重要标准就是合法性受众，或者叫评估者（Evaluator），①②然而，如何在理论上区分不同类型的合法性受众并无统一观点。③近年来，一些学者试图从制度逻辑出发，对不同类型的合法性受众加以区分。制度逻辑是指一系列由社会建构的、有历史基础的实践、假设、价值、信仰和规则，为判断主体行为的合法性提供了标准和原则。④基于制度逻辑文献的观点，合法性受众大致可分为两类：一类是政治主体，包括政府及其代理机构等；另一类是市场主体，包括投资方、顾客及其他市场资源提供者等。⑤这两类合法性受众背后的制度逻辑是不一样的，对组织合法性的判断标准也不同。政治主体的判断标准是企业能否带来政治利益或公共利益，而市场主体的评判标准则是企业经营成功与否。⑥

从实践角度看，考虑到利益诉求的不同，不同利益相关者对企业所持的

---

① Fisher G, Kotha S, Lahiri A.Changing with the times: An integrated view of identity, legitimacy, and new venture life cycles [J].Academy of Management Review, 2016, 41（3）: 383-409.

② Bitektine A.Toward a theory of social judgments of organizations: The case of legitimacy, reputation, and status [J].Academy of Management Review, 2011, 36（1）: 151-179.

③ Überbacher F.Legitimation of new ventures: A review and research programme [J].Journal of Management Studies, 2014, 51（4）: 667-698.

④ Thornton P H, Ocasio W.Institutional logics and the historical contingency of power in organizations: Executive succession in the higher education publishing industry, 1958-1990 [J].American Journal of Sociology, 1999, 105（3）: 801-843.

⑤ Fisher G, Kuratko D F, Bloodgood J M, et al.Legitimate to whom?The challenge of audience diversity and new venture legitimacy [J].Journal of Business Venturing, 2017, 32（1）: 52-71.

⑥ Fisher G, Kuratko D F, Bloodgood J M, et al.Legitimate to whom?The challenge of audience diversity and new venture legitimacy [J].Journal of Business Venturing, 2017, 32（1）: 52-71.

态度也不同，尤其对处于转型期的企业而言，企业需要满足多样的、甚至有些矛盾的需求。① 具体而言，在经济转型中，制度环境充满不确定性，政府在经济发展中扮演着重要角色，② 随着制度与经济转型的推进，市场经济有了长足发展，但政府的影响并未减弱。③ 因此，在制度转型背景下，政治战略和市场战略对于企业的发展都至关重要。④⑤

鉴于此，本研究区分了两类重要的组织合法性：政治合法性与市场合法性。政治合法性的评价主体是政府，拥有政治合法性表明企业遵守了政府设置的相关法律、规章、标准，达到政府对企业的特定要求，并获得了政府的认可。⑥ 市场合法性的评价主体是众多的市场参与者（供货商、零售商、同类型其他企业、顾客以及行业协会等），拥有市场合法性表明企业遵守了市场上各方共享的行为规范，获得了各方市场参与者的认可，这也表明企业是有市场竞争力的。⑦

通过构建组织和个人的集体身份认同，制度逻辑影响并塑造着组织的行为。因此，受到两种不同的制度逻辑的影响，拥有高政治合法性和高市场合法性的企业在资源的获取、配置和利用上也会体现出明显差异（见表1）。

---

① 刘振，崔连广，杨俊，等. 制度逻辑、合法性机制与社会企业成长［J］. 管理学报，2015，12（4）：565-575.
② Tzeng C H, Beamish P W, Chen S F.Institutions and entrepreneurship development: High-technology indigenous firms in China and Taiwan［J］.Asia Pacific Journal of Management, 2011, 28: 453-481.
③ Peng M W, Luo Y.Managerial ties and firm performance in a transition economy: The nature of a micro-macro link［J］.Academy of Management Journal, 2000, 43（3）: 486-501.
④ 杜运周，张玉利，任兵. 展现还是隐藏竞争优势：新企业竞争者导向与绩效U型关系及组织合法性的中介作用［J］. 管理世界，2012（7）：96-107.
⑤ Marquis C, Raynard M.Institutional strategies in emerging markets［J］.Academy of Management Annals, 2015, 9（1）: 291-335.
⑥ Zimmerman M A, Zeitz G J.Beyond survival: Achieving new venture growth by building legitimacy［J］.Academy of Management Review, 2002, 27（3）: 414-431.
⑦ Rao R S, Chandy R K, Prabhu J C.The fruits of legitimacy: Why some new ventures gain more from innovation than others［J］.Journal of Marketing, 2008, 72（4）: 58-75.

表 1 政治合法性与市场合法性比较

类型	政治合法性	市场合法性
定义	企业行为与政府设定的相关政策、规则、规范、标准和预期之间的一致性①	企业行为与市场参与者推行的规范、利益诉求之间的一致性以及市场能力与其他参与者预期之间的一致性②
受众	政府机构	市场参与者
资源	提供基础性、通用性资源支持 以政府利益为导向的资源分配 鼓励在行业范式内的资源利用	提供特殊性、个性化资源支持 以参与者利益为导向的资源分配 鼓励跨企业边界的资源利用

另外,企业的成长逻辑不同,衡量企业成长的标准也不同。根据 Abell[3]和 Ansoff[4]的观点,所有企业都会追求产品和市场两方面的目标。鉴于此,本文提出将产品创新和市场扩张作为衡量企业成长绩效的两个重要维度。产品创新和市场扩张的差异体现在以下两个方面:第一,产品创新强调技术演化路径(新产品提供给老顾客),关注成长质量;而市场扩张强调市场增长路径(老产品提供给新顾客),注重成长速度。[5][6]第二,产品创新往往着眼于企业的长期发展,回报周期较长,需要企业长期的资源投入。相比之下,市场扩张则着眼于企业较短时期内的发展,回报周期也相对较短。从资源视角看,产品创新和市场扩张都是资源消耗性活动,均离不开资源的支持,然而,这两个目标对企业的资源管理提出了不同要求(见表 2)。

---

① Zimmerman M A, Zeitz G J.Beyond survival: Achieving new venture growth by building legitimacy [J].Academy of Management Review, 2002, 27 (3): 414–431.

② Rao R S, Chandy R K, Prabhu J C.The fruits of legitimacy: Why some new ventures gain more from innovation than others [J].Journal of Marketing, 2008, 72 (4): 58–75.

③ Abell D F.Defining the business: The starting point of strategic planning [M]. New Jersey: Prentice-Hall, 1980.

④ Ansoff H I.Corporate strategy: An analytic approach to business policy for growth and expansion [M].New York: McGraw-Hill, 1965.

⑤ Mishina Y, Pollock T G, Porac J F.Are more resources always better for growth?Resource stickiness in market and product expansion [J].Strategic Management Journal, 2004, 25 (12): 1179–1197.

⑥ Pavia T M.Product growth strategies in young high-technology firms [J].Journal of Product Innovation Management, 1990, 7 (4): 297–309.

表 2　产品创新与市场扩张比较

维度	产品创新	市场扩张
路径	以技术研发为导向的成长路径 （为已有顾客提供新产品）	以市场增长为导向的成长路径 （为已有产品开拓新市场）
特征	高研发投入 追求长期回报	高市场投入 注重市场反馈
资源要求	识别和获取独特资源 以持续竞争优势为导向的资源投入 创新性的资源利用	高效获取大量资源 以市场反馈为导向的资源投入 高效、标准化的资源利用

三、假设提出

本文认为，要厘清组织合法性和企业成长绩效之间的关系，需要从理论上辨别战略视角和制度视角的不同内涵，进一步理解二者在资源层面的"供需状况"，即不同类型的合法性为企业提供的资源特征及其使用方式，以及与企业产品创新或市场扩张的要求是否匹配。资源基础理论指出，有价值的、独特的、难以模仿的、无法替代的资源是企业竞争优势的来源，因此企业需要建立资源壁垒、灵活运用各类资源来实现战略目标。[①] 资源管理理论进一步指出，企业需要经过结构化资源组合、捆绑资源形成能力、发挥能力三个阶段才能将资源有效地转化为竞争优势。[②] 从组织合法性的角度看，资源管理的三个阶段对应三个资源管理行为：资源获取、资源分配与资源利用。与此同时，企业资源管理的过程会受到合法性评价主体，即政府和市场的制度逻辑的影响，其拥有的合法性越高，受到的规范性压力也就越大。基于此，本文尝试以资源管理为主线，基于"资源获取—资源分配—资源利用"的分析框架，搭建起政治合法性、市场合法性与产品创新、市场扩张之间的桥梁，深

---

① Barney J.Firm resources and sustained competitive advantage［J］.Journal of Management，1991，17（1）：99-120.
② Sirmon D G，Hitt M A，Ireland R D.Managing firm resources in dynamic environments to create value：Looking inside the black box［J］.Academy of Management Review，2007，32（1）：273-292.

入分析组织合法性对企业绩效的影响。

(一) 政治合法性与产品创新

政治合法性意味着企业需要遵循现有管制环境的要求，与现行的政策、制度、规范等保持一致。① 为了厘清政治合法性与产品创新之间的关系，我们尝试从资源获取、分配及利用的角度对二者间的关系进行具体分析。

首先，从资源获取角度看，尽管政治合法性能为企业带来资源，但并不一定是适合企业进行创新的资源。② 政治合法性带给企业的大多是基础性、共通性的资源，如政府补贴、政策支持等，这些资源往往嵌入现存的制度环境，要求企业必须在现存的制度框架内行动，不能轻易"越界"，然而，产品创新要求企业识别和获取独特的资源，挑战甚至打破现行的规则。③④ 因此，资源供需矛盾使得具有高政治合法性的企业失去了原本的资源优势，甚至会阻碍企业的产品创新。

其次，从资源分配角度看，政府在赋予企业资源的同时，往往会通过规定某些标准化用途来干预企业的资源分配。⑤ 政府可能会要求企业采取一些以公共利益为导向的行为，如减少裁员、支持政府的某些经济或社会计划、增加社区福利等。⑥⑦ 但作为一种长期导向活动，产品创新的回报周期较长、不

---

① Suchman M C.Managing legitimacy: Strategic and institutional approaches [J].Academy of Management Review, 1995, 20 (3): 571–610.
② 袁建国，后青松，程晨.企业政治资源的诅咒效应：基于政治关联与企业技术创新的考察 [J].管理世界，2015 (1): 139–155.
③ Dougherty D, Heller T.The illegitimacy of successful product innovation in established firms [J]. Organization Science, 1994, 5 (2): 200–218.
④ Garud R, Rappa M A.A socio-cognitive model of technology evolution: The case of cochlear implants [J].Organization Science, 1994, 5 (3): 344–362.
⑤ Oliver C.Sustainable competitive advantage: combining institutional and resource-based views [J]. Strategic Management Journal, 1997, 18 (9): 697–713.
⑥ Marquis C, Qian C.Corporate social responsibility reporting in China: Symbol or substance? [J]. Organization Science, 2014, 25 (1): 127–148.
⑦ Okhmatovskiy I.Performance implications of ties to the government and SOEs: A political embeddedness perspective [J].Journal of Management Studies, 2010, 47 (6): 1020–1047.

确定性较高，而政府官员的任职周期较短，侧重短期的利益回报。[①] 因此，在政府的政策干预下，高政治合法性的企业很难将政治合法性带来的资源投放到长期的、风险性很高的产品创新活动中。

最后，从资源利用角度来看，政治合法性可能会导致"政治嵌入"现象的出现，降低企业的创新意愿。"政治嵌入"意味着拥有高政治合法性的企业更容易在结构上、心理上依赖现有的产业结构或模式，嵌入已有范式而难以实现自我超越，[②] 向新产业或产业新方向进军的意愿和能力也随之降低。[③] 于是，企业在创新战略上就不会投入较多的资源，甚至完全不采取产品创新战略。[④] 因此，高政治合法性的企业更倾向于采取保守型战略，在资源利用方面追求效率上的提升，而非产品或流程上的创新和突破。

尤其是在中国转型经济的背景下，考虑到政府强大的资源分配能力和整体制度环境的影响力，这一负面关系可能会更加突出。[⑤] 尽管拥有高政治合法性的企业更容易获得资源，但是考虑到资源获取、分配方面的限制以及资源利用方面的困境，企业很难利用政治合法性带来的资源推动创新。[⑥] 相反，那些处于政治边缘位置的企业更有可能避开制度环境的条框限制，发现现存体

[①] 李维安，邱艾超，阎大颖.企业政治关系研究脉络梳理与未来展望[J].外国经济与管理，2010，32（5）：48-55.

[②] Sun P, Mellahi K, Wright M.The contingent value of corporate political ties [J].Academy of Management Perspectives, 2012, 26（3）: 68-82.

[③] Sun P, Mellahi K, Thun E.The dynamic value of MNE political embeddedness: The case of the Chinese automobile industry [J].Journal of International Business Studies, 2010, 41: 1161-1182.

[④] Dougherty D.Interpretive barriers to successful product innovation in large firms [J].Organization Science, 1992, 3（2）: 179-202.

[⑤] Li Y, Peng M W.Developing theory from strategic management research in China [J].Asia Pacific Journal of Management, 2008, 25（3）: 563-572.

[⑥] Mishina Y, Pollock T G, Porac J F.Are more resources always better for growth?Resource stickiness in market and product expansion [J].Strategic Management Journal, 2004, 25（12）: 1179-1197.

制下的机会并加以利用,推动产品创新。① 由此假设:

H1:企业的政治合法性越高,越不会进行产品创新。

(二)政治合法性与市场扩张

市场扩张对企业的资源要求与产品创新不同,因此政治合法性与市场扩张在资源层面的供需匹配情况也有所不同。从资源获取的角度来看,政治合法性提供的资源是稳定的制度性资源,如税收、贷款、行业准入等方面的优惠。②③ 这与企业市场扩张需要的资源是一致的——市场扩张正是对企业现有产品或商业实践进行复制、扩大或重新组合。④ 高政治合法性意味着政府对企业现行做法的支持,因而,拥有高政治合法性的企业更容易从政府那里获得市场扩张所需的资源。⑤⑥ 同时,政府的支撑有助于提高企业市场扩张的效率,如简化相关审批环节和认证过程。

从资源分配角度来看,由于中国采用官员任期制,行政主管在一地任职的时间普遍较短,因此官员们会更加注重将短期的、可量化的经济发展成果作为政绩。⑦ 与产品创新相比,市场扩张是短期导向的目标,而且其效果也更容易被衡量。邓新明等⑧研究指出,企业政治关联对于其国际化深度有显著的

---

① Mair J, Marti I.Entrepreneurship in and around institutional voids: A case study from Bangladesh [J].Journal of Business Venturing, 2009, 24 (5): 419–435.
② 李健, 陈传明, 孙俊华.企业家政治关联、竞争战略选择与企业价值: 基于上市公司动态面板数据的实证研究 [J].南开管理评论, 2012, 15 (6): 147–157.
③ 余明桂, 潘红波.政治关系、制度环境与民营企业银行贷款 [J].管理世界, 2008 (8):9–21.
④ Mishina Y, Pollock T G, Porac J F.Are more resources always better for growth?Resource stickiness in market and product expansion [J].Strategic Management Journal, 2004, 25 (12): 1179–1197.
⑤ 卫武.中国环境下企业政治资源、政治策略和政治绩效及其关系研究 [J].管理世界, 2006 (2): 95–109.
⑥ Sheng S, Zhou K Z, Li J J.The effects of business and political ties on firm performance: Evidence from China [J].Journal of Marketing, 2011, 75 (1): 1–15.
⑦ 聂辉华, 李金波.政企合谋与经济发展 [J].经济学, 2006, 6 (1): 75–90.
⑧ 邓新明, 熊会兵, 李剑峰, 等.政治关联、国际化战略与企业价值: 来自中国民营上市公司面板数据的分析 [J].南开管理评论, 2014, 17 (1): 26–43.

正向影响，这表明企业会选择更有效的"回报"政府的方式，即进行市场扩张。因此，受到政府的鼓励后，高政治合法性的企业更有可能选择市场导向战略，将资源投入市场扩张的活动。

从资源利用角度来看，拥有高政治合法性的企业更愿意将资源投入市场扩张这种标准化、短期导向的活动中去。一方面，政治合法性带来的基础性、共通性资源对企业效率的提升有很大帮助，而对这些资源的高效利用能有效地促进市场扩张。另一方面，政府直接的政策支持，如用地、用水等方面的优惠，有助于企业快速高效地提高产量和市场占有率。[①] 此外，在转型经济背景下，市场机制尚未完全建立，采取符合政府导向的资源利用策略能帮助企业获得庇护，降低资源利用成本。由此提出以下假设：

H2：企业的政治合法性越高，越有可能进行市场扩张。

（三）市场合法性与产品创新

为了获得市场合法性，企业需要遵循市场上众多参与者认可的规范，按照相应的规则行事。[②] 与前文类似，我们尝试基于"资源获取—资源分配—资源利用"框架，分析市场合法性与政治合法性对企业产品创新的影响。

从资源获取角度来看，市场合法性给予企业的资源与产品创新密切相关。高市场合法性意味着企业能够被市场参与者，如竞争者、商业伙伴、行业联盟认可，这种认可有利于企业获得市场上的第一手信息，如涉及技术的最新动向、行业发展趋势等，这些信息对于缺乏信息渠道的企业而言是很难获知的。[③] 这一独特的信息优势有助于企业更好地捕捉市场上的商业机会，抓住创新的先机。同时，这种合法性本身是企业的重要战略资源，有助于企业吸引

---

① Mair J, Marti I.Entrepreneurship in and around institutional voids: A case study from Bangladesh [J].Journal of Business Venturing, 2009, 24（5）: 419-435.

② Oliver C.Sustainable competitive advantage: combining institutional and resource-based views [J].Strategic Management Journal, 1997, 18（9）: 697-713.

③ Lusch R F, Brown J R.Interdependency, contracting, and relational behavior in marketing channels [J].Journal of Marketing, 1996, 60（4）: 19-38.

到有互补关系的商业伙伴，撬动资源，推动产品创新。①

从资源分配角度来看，市场合法性为企业开展长期导向的创新活动提供了保障。市场合法性要求企业遵守市场规范，如诚信经营，这种合法性会约束企业的机会主义行为，引导企业追求更长远的发展目标。②③④ 同时，高市场合法性意味着企业获得了市场参与者的信任，拥有高市场合法性的企业更有可能吸引商业伙伴形成长期合作关系，将资源共同投入创新活动。由此可见，企业市场合法性越高，越有意愿和能力将资源投入产品创新活动。

从资源利用角度来看，拥有高市场合法性的企业更有意愿采取产品创新战略。不同于政治合法性，市场合法性不会导致"政治嵌入"，束缚企业的手脚，反而能够给予企业更大的市场自主权，引导用户需求，灵活调度各方资源，把握市场机会，进行试错和创新。在这样的条件下，企业可以通过开放式创新，吸引市场上多个行动主体参与，从而带来一场全行业的"创新革命"。⑤

尤其是在转型经济背景下，考虑到现实环境中缺少正式的、明晰的法律规定，企业拥有很多可发掘和利用的市场机会。⑥⑦ 市场合法性越高，企业越能把握市场中的信息优势、资源优势以及在行动中的先行者优势，推动企业

---

① 彭伟，顾汉杰，符正平.联盟网络、组织合法性与新创企业成长关系研究［J］.管理学报，2013，10（12）：1760-1769.

② 彭伟，顾汉杰，符正平.联盟网络、组织合法性与新创企业成长关系研究［J］.管理学报，2013，10（12）：1760-1769.

③ Ganesan S.Determinants of long-term orientation in buyer-seller relationships［J］.Journal of Marketing，1994，58（2）：1-19.

④ Poppo L，Zhou K Z，Ryu S.Alternative origins to interorganizational trust：An interdependence perspective on the shadow of the past and the shadow of the future［J］.Organization Science，2008，19（1）：39-55.

⑤ Lichtenthaler U.Open innovation：Past research，current debates，and future directions［J］.Academy of Management Perspectives，2011，25（1）：75-93.

⑥ Peng M W，Luo Y.Managerial ties and firm performance in a transition economy：The nature of a micro-macro link［J］.Academy of Management Journal，2000，43（3）：486-501.

⑦ Webb J W，Tihanyi L，Ireland R D，et al.You say illegal，I say legitimate：Entrepreneurship in the informal economy［J］.Academy of Management Review，2009，34（3）：492-510.

的产品创新。由此提出以下假设：

H3：企业的市场合法性越高，越有可能进行产品创新。

（四）市场合法性与市场扩张

毋庸置疑，市场合法性与企业的市场表现密切相关。与前文类似，我们仍从资源视角对企业市场合法性与市场扩张之间的关系进行分析。

从资源获取角度来看，市场扩张意味着企业需要与其供货商、零售商、消费者有更多的业务往来，而市场合法性有助于带来扩张所需的各类市场资源。在供货商和零售商看来，合作企业的市场合法性越高，信誉越好，越能降低彼此间的交易成本，提高交易效率。[①] 对于消费者来说，企业的市场合法性越高，消费者选择该企业进行重复消费的可能性越大。[②] 因此，市场合法性本身就为企业市场扩张提供了丰富且高效的资源。

从资源分配角度来看，高市场合法性的企业更有意愿和能力调度资源，并将资源投入市场扩张活动。高市场合法性不仅能帮助企业从供应商那里以更低的成本获得更好的资源，还能为其带来更好的供应商——供货商也会争夺拥有高市场合法性的企业作为自己的客户。[③④] 与之相类似，拥有高市场合法性的企业在与经销商和其他市场参与者的关系中也处于有利地位，具有较强的议价能力。因此，高市场合法性的企业进行市场扩张的成本相对较低，企业也更有意愿将资源投入市场扩张活动。

从资源利用角度来看，作为同行和上下游伙伴眼中的"标杆"企业，拥有高市场合法性的企业对现有市场的把握更为准确，资源利用的效率也更高。

[①] 杜运周，任兵，陈忠卫，等.先动性、合法化与中小企业成长：一个中介模型及其启示［J］.管理世界，2008（12）：126-138.

[②] Wang T，Song M，Zhao Y L.Legitimacy and the value of early customers［J］.Journal of Product Innovation Management，2014，31（5）：1057-1075.

[③] Zimmerman M A，Zeitz G J.Beyond survival：Achieving new venture growth by building legitimacy［J］.Academy of Management Review，2002，27（3）：414-431.

[④] Delmar F，Shane S.Legitimating first：Organizing activities and the survival of new ventures［J］.Journal of Business Venturing，2004，19（3）：385-410.

具体体现在企业知道如何选择目标客户群，如何精准投放，如何实现规模化扩张。在转型经济条件下，面对制度空洞和环境不确定性的问题，这种标杆企业更可能获得市场上的独占性消息，[①][②]并迅速高效地占领市场，实现市场扩张。由此提出以下假设：

H4：企业的市场合法性越高，越有可能进行市场扩张。

（五）政治合法性与市场合法性的交互作用

政治合法性与市场合法性之间并不是非此即彼的关系。企业可以同时拥有这两种合法性：一方面遵循现有管制环境的要求，与现行政策、制度、规范等保持高度一致；另一方面遵循市场规则，以市场参与者的身份规范行事。因此，在上述四个假设的基础上，我们基于制度逻辑理论，进一步探讨政治合法性与市场合法性之间的交互作用对企业绩效的影响。

根据制度逻辑理论，制度逻辑是一系列由社会建构的、有历史基础的实践、假设、价值、信仰和规则，[③]是衡量行为主体合法性高低的重要依据。[④]然而，企业往往需要面对有着不同制度逻辑的利益相关者。[⑤]例如，政府和市场这两大主体在制度逻辑上存在显著差异：政府代表的是政治逻辑，而市场

---

① Gu F F, Hung K, Tse D K.When does guanxi matter?Issues of capitalization and its dark sides [J].Journal of marketing, 2008, 72（4）：12-28.
② Li H, Zhang Y.The role of Managers'political networking and functional experience in new venture performance：Evidence from China's transition economy [J].Strategic Management Journal, 2007, 28（8）：791-804.
③ Thornton P H, Ocasio W.Institutional logics and the historical contingency of power in organizations：Executive succession in the higher education publishing industry, 1958-1990 [J].American journal of Sociology, 1999, 105（3）：801-843.
④ Fisher G, Kuratko D F, Bloodgood J M, et al.Legitimate to whom?The challenge of audience diversity and new venture legitimacy [J].Journal of Business Venturing, 2017, 32（1）：52-71.
⑤ 刘振，崔连广，杨俊，等.制度逻辑、合法性机制与社会企业成长 [J].管理学报，2015，12（4）：565-575.

代表的是经济逻辑。①② 高政治合法性和高市场合法性要求企业遵循政治和经济这两种不同的制度逻辑,对企业的战略选择和绩效也有着不同的影响。已有文献对政府与市场之间的交互关系进行了探讨,但尚未达成共识。例如,Li 等发现,政府与市场在对企业创新的影响上起到了互斥作用,即企业的政治关系越强,市场关系对其创新的促进作用越弱。③Du 等则指出,在非正常竞争较少的环境中,政府和市场的作用能够相互加强,协同促进初创企业的发展。④

本文认为,政治合法性与市场合法性对企业成长的交互作用取决于企业能否有效地整合政府和市场带来的资源,并投入能满足双方利益诉求的活动。当政治合法性带来的资源能够为市场资源的获取提供保障,或者提高企业对市场资源的利用效率时,二者的交互作用能显著促进企业成长;反之,则不利于企业成长。具体而言,市场合法性对企业产品创新的促进作用体现在高市场合法性的企业更容易从外部网络中获取与创新相关的资源,将资源投入创新活动以推动创新。不同于市场对企业创新活动的支持和保障,政府往往要求企业按照既定的规范和准则行事,⑤ 鼓励企业将资源投入能够带来政治利益或公共利益的活动,而非投入风险性高、回报周期长的创新活动。可见,

---

① Li J, Xia J, Zajac E J.On the duality of political and economic stakeholder influence on firm innovation performance: Theory and evidence from Chinese firms [J] .Strategic Management Journal, 2018, 39 (1): 193-216.

② Zhou K Z, Gao G Y, Zhao H.State ownership and firm innovation in China: An integrated view of institutional and efficiency logics [J] .Administrative Science Quarterly, 2017, 62 (2): 375-404.

③ Li J, Xia J, Zajac E J.On the duality of political and economic stakeholder influence on firm innovation performance: Theory and evidence from Chinese firms [J] .Strategic Management Journal, 2018, 39 (1): 193-216.

④ Du Y, Kim P H, Aldrich H E.Hybrid strategies, dysfunctional competition, and new venture performance in transition economies [J] .Management and Organization Review, 2016, 12 (3): 469-501.

⑤ Kraatz M S, Zajac E J.Exploring the limits of the new institutionalism: The causes and consequences of illegitimate organizational change [J] .American Sociological Review, 1996, 651 (5): 812-836.

在促进产品创新方面，市场合法性和政治合法性背后的制度逻辑是冲突的。政治合法性对企业市场资源的获取与配置都发挥了约束作用，不仅降低了企业与外部合作的能力，而且降低了企业自身资源配置的灵活性。当拥有高市场合法性的企业追求高政治合法性时，尽管具备了获取政治资源与市场资源的双重优势，但在资源分配环节很有可能受到政府制度逻辑的干扰，受制于现有的管制环境，难以将合法性带来的资源真正投入创新活动。

与产品创新相比，市场扩张着眼于企业较短时间内的快速发展，回报周期也相对较短，因此能够同时满足政府和市场的利益诉求。也就是说，在促进企业市场扩张方面，市场合法性和政治合法性背后的制度逻辑是互补的。高市场合法性无疑为企业带来了资源优势，支持企业快速实现市场扩张。与此同时，高政治合法性为企业的扩张行为提供了政策和制度保障，[①] 能够帮助企业更好地获取市场资源，进而提高企业市场扩张的效率。例如，已有研究表明，政府的资金支持有利于初创企业获得风险投资机构的后续投资，克服资源不足的困难。因此，为了同时满足政府和市场两大主体的要求，企业更倾向于采取相对保守的发展策略，在现有制度框架下寻求市场稳步扩张，而非产品创新。

综上所述，考虑到政治合法性和市场合法性在创新资源分配逻辑上的冲突，"两头兼顾"反而不利于企业的产品创新。相反，这两种合法性在市场扩张资源的分配和利用上体现出一致性，因此对企业的市场扩张有着协同促进的作用。由此提出以下假设：

H5：政治与市场合法性的交互使用不利于产品创新。

H6：政治与市场合法性的交互使用有利于市场扩张。

[①] Zhou K Z, Gao G Y, Zhao H.State ownership and firm innovation in China: An integrated view of institutional and efficiency logics [J]. Administrative Science Quarterly, 2017, 62（2）: 375–404.

四、研究方法

(一)样本选择

本研究采用问卷调研的方法收集数据。经由多次讨论,在已有文献的基础上形成中文版问卷初稿,并邀请译者进行多轮汉译英、英译汉以确保中英文概念的内涵保持一致。[①] 随后,我们邀请了几位企业家进行预调研,填写问卷并修正有歧义或表达模糊的题项,从而形成最终版的问卷。我们在中国多个省市,包括北京、上海、江苏、浙江、山东、湖北、河南等地开展了问卷调查。由于中国各地区经济发展差距较大,东部地区经济状况整体优于西部地区,因此多省市取样的方式保证了样本的代表性。

具体而言,我们首先电话联系了地方政府和校友提供的样本企业名录,介绍了此次调研的目的和参与方式,在征得对方同意后,采取邮寄纸质问卷与面对面实地访谈相结合的方式展开了大规模问卷调研。每份问卷都需要总经理或总裁、产品经理、市场经理、人力资源经理分别回答与自身业务相关的问题。例如,总经理或总裁需填写与企业整体战略、企业绩效相关的问题,产品经理需填写与产品创新相关的问题,市场经理和人力经理需要分别填写与企业外部市场环境、内部组织架构相关的问题。

2012—2013年,我们一共开展了两轮问卷调查,分别回收了126家和185家企业的问卷,其中有91家企业参与了两轮调查。我们将两轮调查的数据汇总成横截面数据,在浏览并删除缺失值后,最终保留了211家企业的有效问卷。在211家样本企业中,46.92%的企业属于初创企业,39.81%的企业来自高科技行业。就地域分布而言,58.08%的样本企业来自东部地区,其余41.92%来自西部地区。检验结果表明,回应者和未回应者及前后两轮调查在企业规模、年龄、地区等关键指标上没有显著差异。

---

① Hoskisson R E, Eden L, Lau C M, et al.Strategy in emerging economies [J].Academy of Management Journal, 2000, 43 (3): 249-267.

（二）变量测量

1. 因变量

（1）产品创新。产品创新这一变量的测量指标采用的是产品经理对企业目前在产品创新投入和产出方面表现的主观评价，本研究采用了李克特五级量表，1代表"非常不同意"，5代表"非常同意"。参考Li等[①]对产品创新的测量，我们请产品经理从以下四个维度对企业进行评分，并取均值作为企业的产品创新表现：①重视新产品的开发，并为此投入了大量的财力；②开发了很多新产品的生产线；③加快向市场推出新产品的频率；④履行其整体的开发和推广新产品的承诺。上述维度反映了企业研发投入、新产品开发、新产品市场化等一系列的产品创新活动。这四个指标均落在同一因子上，内部一致性系数（Cronbach's Alpha）高达0.85，说明该测量的可靠性程度较高。

（2）市场扩张。市场扩张这一变量的测量采用的是总经理对企业目前市场扩张表现各个维度的主观评价。参考Homburg等[②]对市场表现的测量，我们请总经理从以下四个维度对企业的市场表现进行评分，1代表"非常不满意"，5代表"非常满意"：①销售增长；②市场占有率；③生产能力；④推向市场的新产品。这四个维度反映了企业的市场地位和市场扩张能力。因子分析结果表明，这四个指标的内部一致性系数达到0.72，说明测量的信度和效度较高。我们对这四个指标的评分取均值，作为对企业市场扩张表现的测量。

2. 自变量

（1）政治合法性。本研究对政治合法性的测量采用的是总经理对企业

---

① Li H, Atuahene-Gima K.Product innovation strategy and the performance of new technology ventures in China［J］.Academy of Management Journal, 2001, 44（6）: 1123-1134.

② Homburg C, Klarmann M, Schmitt J.Brand awareness in business markets: when is it related to firm performance?［J］.International Journal of Research in Marketing, 2010, 27（3）: 201-212.

过去一年表现的主观评价。参考 Zimmerman 等[1]、Suchman 对政治合法性的测量,[2] 我们请总经理对以下问题按照李克特五级量表进行了评分,1 代表"非常不同意",5 代表"非常同意":①我们的做法获得了政府部门的认可;②我们的做法赢得了政府部门的高度评价;③我们是政府推荐的样板企业。这三个指标反映的都是企业的政治合法性程度,其内部一致性系数高达 0.88,说明该测量具有很高的可靠性。

(2)市场合法性。与政治合法性相似,市场合法性的测量采用的是总经理对企业过去一年表现的主观评价。参考 Zimmerman 等对市场合法性的测量,[3] 笔者请总经理对下述问题按照 1 至 5 分进行评分:①我们的做法获得了同行的认可;②我们的做法被顾客所接受;③我们的做法获得了供应商的认可;④我们的做法获得了销售商的认可。这四个维度反映了市场参与者对企业合法性的评价,其内部一致性系数高达 0.85,说明该测量具有较高的信度和效度。

表 3 总结了本研究使用的关键变量的测量和效度检验结果。结果显示,所有构念的内部一致性系数(Cronbach's Alpha)均超过 0.70,平均析出方差(AVE)均大于 0.50,说明问卷的测量具有较高的内部一致性和信度。此外,表 3 和表 4 的结果显示,各因子的 AVE 值的平方根均大于该因子与其他因子的相关系数,表明构念之间具有较高的区别效度。[4]

---

[1] Zimmerman M A, Zeitz G J.Beyond survival: Achieving new venture growth by building legitimacy [J].Academy of Management Review, 2002, 27 (3): 414-431.

[2] Suchman M C.Managing legitimacy: Strategic and institutional approaches [J].Academy of Management Review, 1995, 20 (3): 571-610.

[3] Zimmerman M A, Zeitz G J.Beyond survival: Achieving new venture growth by building legitimacy [J].Academy of Management Review, 2002, 27 (3): 414-431.

[4] Fornell C, Larcker D F.Evaluating structural equation models with unobservable variables and measurement error [J].Journal of Marketing Research, 1981, 18 (1): 39-50.

表 3　测量及效度

构念	条目	因子载荷
产品创新 （Cronbach's α=0.85； CR=0.90； AVE=0.69）	相较于贵公司的主要竞争对手，贵公司：	
	（1）重视新产品的开发，并为此投入了大量的财力	0.75
	（2）开发了很多新产品的生产线	0.84
	（3）加快向市场推出新产品的频率	0.87
	（4）履行其整体的开发和推广新产品的承诺	0.86
市场扩张 （Cronbach's α=0.72； CR=0.83； AVE=0.55）	请您对目前贵企业在同行业类似企业的竞争中的业绩表现进行评价：	
	（1）销售增长	0.73
	（2）市场占有率	0.80
	（3）生产能力	0.74
	（4）推向市场的新产品	0.69
政治合法性 （Cronbach's α=0.88； CR=0.93； AVE=0.82）	过去一年中，总体上看，公司在以下几方面的表现：	
	（1）我们的做法获得了政府部门的认可	0.90
	（2）我们的做法赢得了政府部门的高度评价	0.90
	（3）我们是政府推荐的样板企业	0.91
市场合法性 （Cronbach's α=0.85； CR=0.90； AVE=0.70）	过去1年中，总体上看，公司在以下几方面的表现：	
	（1）我们的做法获得了同行的认可	0.78
	（2）我们的做法被顾客所接受	0.88
	（3）我们的做法获得了供应商的认可	0.89
	（4）我们的做法获得了销售商的认可	0.80

表 4 描述性统计及相关系数（N=211）

类别	1	2	3	4	5	6	7	8	9	10	11	12	13	14	15	16
产品创新																
市场扩张	0.18															
政治合法性	0.02	0.43														
市场合法性	0.23	0.52	0.48													
高科技企业	0.00	0.08	−0.05	−0.09												
国有企业	0.07	−0.12	−0.04	−0.08	0.07											
企业年龄	0.13	−0.01	0.08	0.00	0.08	0.13										
企业规模	0.02	−0.06	−0.01	−0.05	−0.01	0.44	0.14									
企业阶段	0.01	−0.20	−0.05	−0.07	−0.02	0.17	0.28	0.19								
教育背景	0.02	0.00	−0.04	−0.10	0.15	0.30	0.08	0.24	0.03							
工作经验	0.02	−0.04	0.05	0.02	0.01	0.09	0.14	0.12	0.04	−0.24						
技术波动	0.19	0.13	0.19	0.21	0.13	0.06	0.05	0.14	0.00	0.03	0.06					
需求不确定	0.07	0.06	0.04	−0.02	−0.02	0.00	0.07	0.03	0.09	−0.01	0.03	0.11				
竞争强度	0.07	0.18	0.25	0.30	−0.01	−0.01	0.12	0.18	0.13	−0.10	0.10	0.36	0.00			
环境包容性	0.22	0.47	0.42	0.44	−0.07	−0.11	−0.05	−0.04	−0.07	−0.14	0.03	0.27	0.08	0.27		
市场机会	0.13	0.31	0.28	0.25	0.07	−0.12	−0.16	−0.14	−0.19	0.00	−0.18	0.27	0.10	0.02	0.38	
均值	3.50	3.40	3.74	3.93	0.40	0.06	3.26	21.55	2.12	3.69	4.48	3.23	3.19	3.88	3.53	2.94
标准差	0.79	0.64	0.96	0.72	0.49	0.24	1.06	28.45	0.51	1.07	0.96	0.93	1.03	0.83	0.87	1.00
最小值	1.00	1.00	1.00	1.00	0.00	0.00	0.00	3.16	1.00	1.00	1.41	1.00	1.00	1.00	1.00	1.00
最大值	5.00	5.00	5.00	5.00	1.00	1.00	7.75	299.04	4.00	6.00	6.71	5.00	5.00	5.00	5.00	5.00

注：相关系数大于 0.12 的在 $p=0.05$ 水平上显著

3. 控制变量

为了排除竞争性解释，我们控制了企业家、企业和行业层面的多个变量。

在企业家个人层面，我们运用了总经理的教育背景和工作年限两个指标。其中，教育背景的1~6分别代表了"初中及以下""中专、高中""大专""大学本科""硕士研究生"和"博士研究生"。

在企业层面，第一，我们控制了两个与企业类型相关的变量，即是否为高科技企业以及是否为国有企业。高科技企业的产品创新整体水平较高，对组织合法性与产品创新之间的关系有着潜在影响。国有企业和民营企业在资源禀赋上具有一定差异，对政府和市场的依赖程度也有所不同，因此可能会影响合法性与企业绩效间的关系。第二，考虑到企业年龄、企业规模和企业发展阶段对绩效的影响，①我们对这三个变量进行了控制。其中，企业年龄是总经理汇报的企业成立年份和问卷填写年份之间的差值取平方根的结果；企业规模是根据人力资源经理汇报的员工人数进行对数计算得到的；企业阶段划分为初创期、发展期、维持期和衰退期四个阶段，分别编码为1-4。

在行业层面，我们控制了与产品创新和市场扩张表现密切相关的环境变量。具体地，我们请总经理、市场经理对企业面临的行业环境从以下五个维度进行打分，1代表"非常不同意"，5代表"非常同意"：①技术波动：行业中技术发生变革的程度很高；②需求不确定性：公司客户的偏好随时间已经发生了很大的变化；③竞争强度：公司面临的市场竞争非常激烈；④环境包容性：即便在非常艰难的环境中，公司也尽量寻求高速发展；⑤市场机会：公司在所处的市场中拥有丰富的获利机会。

（三）共同方法偏差

本研究采取了以下方法来避免截面数据可能导致的共同方法偏差

---

① Li H, Zhang Y.The role of managers'political networking and functional experience in new venture performance: Evidence from China's transition economy [J].Strategic Management Journal, 2007, 28 (8): 791-804.

（CMV）。首先，我们邀请了多家公司的多位高管填写问卷，而非由总经理一人完成。本研究使用的自变量和因变量来自总经理和产品经理的反馈，控制变量来自总经理、产品经理及市场经理的反馈。其次，问卷中对关键变量的测量均采用多条目问题方法，并将自变量和因变量进行了反向、错位排序，有效地中和了填写者的回顾性偏差。[①②]再次，我们采用 Harman 单因子分析的方法检验模型中所有变量的方差能否被单个因子所解释。[③] 我们对模型中所有变量进行了探索性因子分析，结果发现，前五个因子的特征根均大于 1，并且最大的因子仅仅解释了 21.6% 的方差。最后，参考 Lindell 等的做法[④]，我们将需求不确定作为标记变量（Marker Variable），用需求不确定和产品创新、需求不确定和市场扩张之间的相关系数作为对共同方法偏差的预测，将其从其他相关性关系中剔除出去，并未影响本文的最终结果。上述两个检验结果均表明，共同方法偏差在本研究中得到了有效控制。

五、研究结果

本研究采用 STATA 13 软件进行数据分析。首先，为了检验本文核心变量（产品创新、市场扩张、政治合法性、市场合法性）之间的区分效度，我们对这些变量进行了验证性因子分析。结果表明，单因子模型无法解释变量之间的方差（CFI=0.00，RMSEA=0.20），四因子模型的拟合效果（CFI=0.88，RMSEA=0.09）也显著优于二因子模型（CFI=0.27，RMSEA=0.18）和三因

---

① Podsakoff P M, MacKenzie S B, Lee J Y, et al.Common method biases in behavioral research: a critical review of the literature and recommended remedies [J].Journal of Applied Psychology, 2003, 88（5）: 879-903.

② Podsakoff P M, Organ D W.Self-reports in organizational research: Problems and prospects [J].Journal of Management, 1986, 12（4）: 531-544.

③ Podsakoff P M, MacKenzie S B, Lee J Y, et al.Common method biases in behavioral research: a critical review of the literature and recommended remedies [J].Journal of Applied Psychology, 2003, 88（5）: 879.

④ Lindell M K, Whitney D J.Accounting for common method variance in cross-sectional research designs [J].Journal of Ppplied Psychology, 2001, 86（1）: 114.

子模型（CFI=0.61，RMSEA=0.10）。以上数据显示，四因子模型的拟合效果最好，说明本研究的核心变量间具有较好的区分效度。其次，我们对研究中所有变量进行了描述性统计分析，并对变量间的相互关系进行了分析，为假设提供了初步验证。最后，用线性回归模型检验了政治合法性、市场合法性与企业绩效之间的关系。由于本研究中的因变量都是连续型变量，我们采用 OLS 线性回归模型进行数据分析。

（一）描述性统计分析

表 4 展示了各个变量的均值、标准差、最值以及各变量之间的相关关系。考虑到政治合法性和市场合法性之间的相关系数较高，本研究采用方差膨胀因子（VIF）进一步检验二者之间是否存在多重共线性问题。结果显示，最大的 VIF 值小于 5，不存在明显的多重共线性问题。此外，表 4 结果显示，政治合法性和企业的市场扩张呈显著正相关关系（$r=0.43$，$p<0.001$），市场合法性与企业的产品创新（$r=0.23$，$p<0.001$）、市场扩张（$r=0.52$，$p<0.001$）均呈显著正相关关系，这与我们的理论预期相一致。

（二）假设检验

表 5 和表 6 显示了线性回归模型的分析结果。我们首先放入所有控制变量，其次将自变量分别纳入模型，最后对全模型进行了检验。表 5 是对产品创新进行回归的结果。模型 2 和模型 4 均表明，政治合法性与产品创新之间呈显著负相关关系（M2：$r=-0.13$，$p<0.10$；M4：$r=-0.18$，$p<0.05$），支持了本研究的假设 1，即政治合法性对企业产品创新有负面影响。模型 3 和模型 4 均表明，市场合法性与产品创新之间呈显著正相关关系（M3：$r=0.17$，$p<0.10$；M4：$r=0.23$，$p<0.05$），支持了假设 2，即市场合法性对企业市场绩效有积极影响。模型 5 检验了政治合法性与市场合法性的交互作用对产品创新的影响。结果表明，二者的交互作用对产品创新有负面影响（M5：$r=-0.10$，$p<0.05$），即政治合法性削弱了市场合法性对产品创新的促进作用，与假设 5 的预测相一致。

表6是对市场扩张进行回归的结果。模型7和模型9表明，政治合法性与市场扩张之间呈显著正相关关系（M7：r=0.17，p<0.001；M9：r=0.10，p<0.05），支持了本研究的假设3，即政治合法性对企业的市场扩张有积极影响。模型7和模型8表明，市场合法性与市场扩张之间也呈显著正相关关系（M8：r=0.35，p<0.001；M9：r=0.30，p<0.001），支持了本研究的假设4，即市场合法性对企业的市场扩张有积极影响。模型10表明，政治合法性与市场合法性的交互作用对市场扩张有着积极影响（M10：r=0.06，p<0.05），即政治合法性加强了市场合法性对产品创新的促进作用，支持了假设6。

表5 组织合法性与产品创新的 OLS 回归结果

类别	模型1	模型2	模型3	模型4	模型5
政治合法性		−0.13⁺		−0.18*	−0.14⁺
		(0.07)		(0.07)	(0.07)
市场合法性			0.17⁺	0.23*	0.10
			(0.09)	(0.09)	(0.07)
政治合法性 × 市场合法性					−0.10*
					(0.05)
控制变量					
高科技企业	−0.05	−0.06	−0.03	−0.04	−0.04
	(0.12)	(0.12)	(0.12)	(0.12)	(0.12)
国有企业	0.27	0.25	0.30	0.29	0.30
	(0.32)	(0.31)	(0.31)	(0.31)	(0.31)
企业年龄	0.09	0.12⁺	0.09	0.12*	0.12*
	(0.06)	(0.06)	(0.06)	(0.06)	(0.06)
企业规模	0.00	0.00	0.00	0.00	0.00
	(0.00)	(0.00)	(0.00)	(0.00)	(0.00)
企业阶段	−0.02	−0.03	−0.02	−0.03	0.02
	(0.12)	(0.12)	(0.12)	(0.12)	(0.12)
教育背景	0.01	0.02	0.01	0.02	−0.01
	(0.06)	(0.06)	(0.06)	(0.06)	(0.06)

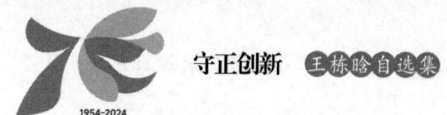

续表

类别	模型1	模型2	模型3	模型4	模型5
工作经验	0.00	0.01	0.00	0.01	0.00
	（0.06）	（0.06）	（0.06）	（0.06）	（0.06）
技术波动	0.12+	0.13+	0.11	0.12	0.11
	（0.07）	（0.07）	（0.07）	（0.07）	（0.07）
需求不确定	0.00	−0.01	0.01	0.00	0.01
	（0.06）	（0.06）	（0.06）	（0.06）	（0.06
竞争强度	−0.05	−0.03	−0.07	−0.06	−0.06
	（0.08）	（0.08）	（0.08）	（0.08）	（0.08）
环境包容性	0.17*	0.22**	0.12	0.17*	0.15+
	（0.07）	（0.08）	（0.08）	（0.08）	（0.08）
市场机会	0.03	0.05	0.01	0.04	0.04
	（0.07）	（0.07）	（0.07）	（0.07）	（0.07）
常数项	2.30***	2.41***	1.95**	1.96**	2.34***
	（0.59）	（0.59）	（0.62）	（0.61）	（0.62）
模型拟合度					
R^2	0.09	0.11	0.11	0.14	0.16
调整后的R^2	0.03	0.05	0.04	0.07	0.08
F值	1.49	1.67+	1.65+	2.03*	2.13*

注：+$p<0.10$，*$p<0.05$，**$p<0.01$，***$p<0.001$

表6　组织合法性与市场扩张的OLS回归结果

类别	模型6	模型7	模型8	模型9	模型10
政治合法性		0.17***		0.10*	0.08+
		（0.05）		（0.04）	（0.04）
市场合法性			0.35***	0.30***	0.25***
			（0.06）	（0.06）	（0.05）
政治合法性×市场合法性					0.06*
					（0.03）
控制变量					

续表

类别	模型6	模型7	模型8	模型9	模型10
高科技企业	0.12	0.15+	0.16*	0.17*	0.17*
	(0.08)	(0.08)	(0.07)	(0.07)	(0.07)
国有企业	−0.12	−0.10	−0.09	−0.08	−0.09
	(0.20)	(0.19)	(0.18)	(0.18)	(0.18)
企业年龄	0.04	0.02	0.03	0.02	0.02
	(0.04)	(0.04)	(0.04)	(0.04)	(0.03)
企业规模	0.00	0.00	0.00	0.00	0.00
	(0.00)	(0.00)	(0.00)	(0.00)	(0.00)
企业阶段	−0.22**	−0.20*	−0.21**	−0.20**	−0.23**
	(0.08)	(0.08)	(0.08)	(0.08)	(0.08)
教育背景	0.04	0.03	0.04	0.03	0.05
	(0.04)	(0.04)	(0.04)	(0.04)	(0.04)
工作经验	−0.01	−0.02	−0.01	−0.02	−0.02
	(0.04)	(0.04)	(0.04)	(0.04)	(0.04)
技术波动	−0.05	−0.05	−0.06	−0.06	−0.06
	(0.05)	(0.05)	(0.04)	(0.04)	(0.04)
需求不确定	0.02	0.02	0.03	0.03	0.04
	(0.04)	(0.04)	(0.04)	(0.04)	(0.04)
竞争强度	0.09	0.06	0.04	0.03	0.04
	(0.05)	(0.05)	(0.05)	(0.05)	(0.05)
环境包容性	0.29***	0.24***	0.20***	0.18***	0.19***
	(0.05)	(0.05)	(0.05)	(0.05)	(0.05)
市场机会	0.08+	0.05	0.06	0.04	0.04
	(0.04)	(0.04)	(0.04)	(0.04)	(0.04)
常数项	2.07***	1.91***	1.31**	1.32***	2.78***
	(0.41)	(0.40)	(0.40)	(0.39)	(0.40)
模型拟合度					
R^2	0.29	0.35	0.41	0.43	0.44
调整后的R^2	0.25	0.31	0.37	0.38	0.39
F值	6.64***	7.79***	10.11***	9.91***	9.71***

注：+p<0.10，*p<0.05，**p<0.01，***p<0.001

图1和图2展现的是政治合法性与市场合法性之间的交互作用对企业的影响。图1是对产品创新的影响。可见，当政治合法性较低时，市场合法性能显著促进产品创新；而当政治合法性较高时，市场合法性对产品创新没有显著影响。图2是对市场扩张的影响。我们发现，相较于低政治合法性，当政治合法性较高时，市场合法性对市场扩张的促进作用更加明显。由此，假设5和假设6得到了进一步支持。综上所述，假设1~6均得到了验证和支持。

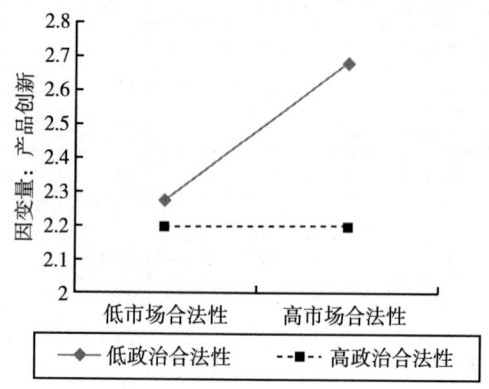

图1 政治合法性、市场合法性对产品创新的交互影响

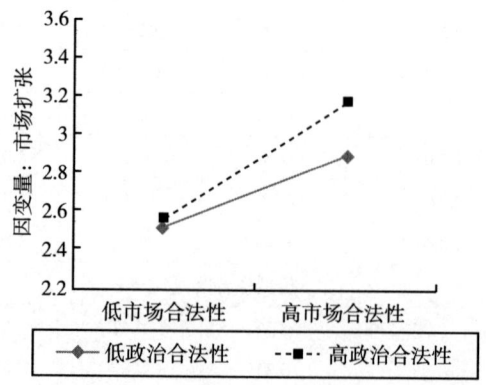

图2 政治合法性、市场合法性对市场扩张的交互影响

六、研究结论与讨论

本文探讨了两类重要的组织合法性（政治合法性、市场合法性）对两种重要的企业成长绩效（产品创新、市场扩张）的影响机制，研究发现，政治合法性削弱了企业的产品创新，但能促进企业的市场扩张；市场合法性对企业的产品创新和市场扩张均有促进作用；政治合法性与市场合法性的交互有利于市场扩张，但不利于产品创新。

（一）理论贡献

第一，从受众的角度区分组织合法性，并考察了他们对企业成长绩效的差异化影响。以往研究通常将组织合法性视作一个整体。但有学者指出，合法性是受众评价的结果，它因受众的不同而不同，造成的作用效果也就不同。在中国的经济转型时期，组织合法性有政府和市场两大核心受众，[①②] 它们对企业的评价标准不同，提供的资源不同，影响企业成长的机制也有所不同。本文基于资源管理理论，对比考察了政治合法性与市场合法性影响企业成长绩效的不同逻辑，从而加深了对"合法性—资源—成长"这一经典理论框架的认识。

第二，通过打开企业成长绩效的黑箱，进一步发展了"组织合法性与企业成长"这一学术对话。企业成长有不同的逻辑和路径。但以往研究对成长绩效的认识存在两个局限：要么将成长绩效看作一个整体，忽视成长逻辑的多样性；要么过度关注成长绩效的财务表现，缺乏对成长过程和路径的关注。学者们很早就指出，企业的成长表现为两种基本逻辑：产品创新和市场扩

---

① Peng M W, Luo Y.Managerial ties and firm performance in a transition economy: The nature of a micro-macro link [J].Academy of Management Journal, 2000, 43 (3): 486–501.

② Marquis C, Raynard M.Institutional strategies in emerging markets [J].Academy of Management Annals, 2015, 9 (1): 291–335.

张。①② 前者强调成长的质量逻辑和长期深耕导向，而后者突出成长的速度逻辑和短期见效导向，两者对企业资源配置的要求迥异。本研究基于资源管理理论，围绕"资源获取—资源分配—资源利用"这一分析框架，深入探讨了组织合法性对企业产品创新和市场扩张两种成长逻辑的不同影响机制，从而加深了对组织合法性与企业成长绩效关系的理解。

第三，支持并发展了组织合法性的"双刃剑"观点。组织合法性如何影响企业成长绩效？这是一个有争议的研究话题。以往研究的结论分化为三个观点：①积极的影响；②消极的影响；③"双刃剑"作用。主流观点认为，组织合法性对企业成长绩效的影响是积极的。新制度理论认为，合法性能够帮助企业更好地适应所处的环境，减轻外部压力，从而促进企业成长与发展。③④⑤ 战略管理理论认为，合法性作为一种企业资源，能够帮助企业撬动成长所需的其他关键资源，从而为企业建立竞争优势。⑥ Zimmerman 等⑦ 提出"合法性—资源—成长"理论框架，以资源获取为主线，很好地诠释了合法性促进企业成长背后的制度和战略逻辑。该观点与大量研究的观点相一致。⑧ 消极的观点虽然小众，但不可忽视。以往研究至少指出了两种合法性的负面影

---

① Abell D F.Defining the business：The starting point of strategic planning［M］.New Jersey：Prentice-Hall，1980.Englewood Cliffs，NJ.1980.

② Ansoff H I.Corporate strategy：An analytic approach to business policy for growth and expansion ［M］.New York：Mcgraw-Hill，1965.

③ 杜运周，张玉利，任兵.展现还是隐藏竞争优势：新企业竞争者导向与绩效 U 型关系及组织合法性的中介作用［J］.管理世界，2012（7）：96-107.

④ Kraatz M S，Zajac E J.Exploring the limits of the new institutionalism：The causes and consequences of illegitimate organizational change［J］.American Sociological Review，1996，61（5）：812-836.

⑤ 李黎，莫长炜，蓝海林.政治资源对商业模式转型的影响：来自我国中小企业的证据［J］.南开管理评论，2015，18（5）：28-41.

⑥ Oliver C.Sustainable competitive advantage：combining institutional and resource-based views［J］.Strategic Management Journal，1997，18（9）：697-713.

⑦ Zimmerman M A，Zeitz G J.Beyond survival：Achieving new venture growth by building legitimacy［J］.Academy of Management Review，2002，27（3）：414-431.

⑧ Lounsbury M，Glynn M A.Cultural entrepreneurship：Stories，legitimacy，and the acquisition of resources［J］.Strategic Management Journal，2001，22（6/7）：545-564.

响逻辑：交易成本逻辑和竞争压力逻辑。交易成本逻辑认为，组织合法性的建立是要付出"代价"的；①② 竞争压力逻辑则认为，组织合法性背后的一致性追求动机与竞争战略理论的差异化追求动机是冲突的，可能削弱企业的竞争力与绩效。③④ 近年来，越来越多的学者开始支持合法性的"双刃剑"观点，⑤ 其中比较有代表性的是战略平衡观点或最优区分观点，⑥⑦ 它们主张，企业需要平衡合法性战略与差异化战略以达到最优效果。

但真正考察组织合法性对企业成长绩效的双面影响效应，为合法性的"双刃剑"观点提供直接证据支持的文献少之又少。本文基于资源管理理论和制度逻辑理论，通过区分政治与市场两类合法性、产品创新与市场扩张两种成长逻辑，实证检验了组织合法性对企业成长绩效的复杂影响机制。研究发现，两类合法性影响两种成长绩效背后的逻辑有显著区别，具体体现在资源获取、资源分配和资源利用三个不同的环节。总的来说，政治合法性与产品创新的成长逻辑是冲突的，但与市场扩张的成长逻辑是吻合的；市场合法性与产品创新、市场扩张两种成长逻辑都是匹配的。这些研究结果表明，组织合法性的作用的确是两面的，既有积极影响也有消极影响。此外，不同类型的合法性之间存在着交互作用，同时追求高政治合法性和高市场合法性对

---

① 袁建国，后青松，程晨.企业政治资源的诅咒效应：基于政治关联与企业技术创新的考察[J].管理世界，2015（1）：139-155.

② 陈刚.管制与创业：来自中国的微观证据[J].管理世界，2015（5）：89-99.

③ Guo H，Tang J，Su Z.To be different，or to be the same?The interactive effect of organizational regulatory legitimacy and entrepreneurial orientation on new venture performance[J].Asia Pacific Journal of Management，2014，31（3）：665-685.

④ Deephouse D L.To be different，or to be the same?It's a question（and theory）of strategic balance[J].Strategic Management Journal，1999，20（2）：147-166.

⑤ Ashforth B E，Gibbs B W.The double-edge of organizational legitimation[J].Organization Science，1990，1（2）：177-194.

⑥ Zhao E Y，Fisher G，Lounsbury M，et al.Optimal distinctiveness：Broadening the interface between institutional theory and strategic management[J].Strategic Management Journal，2017，38（1）：93-113.

⑦ Deephouse D L.To be different，or to be the same?It's a question（and theory）of strategic balance[J].Strategic Management Journal，1999，20（2）：147-166.

企业而言有利有弊。具体而言，我们发现政治合法性与市场合法性在产品创新方面的资源配置逻辑存在一定冲突，二者兼顾不利于产品创新，但是在市场扩张时，二者的资源配置逻辑是一致的，能够协同促进企业市场扩张。因此，本研究通过细分不同类型的组织合法性和成长绩效，从资源管理视角为合法性的"双刃剑"观点提供了直接的证据支持，从而深化了对这一观点的理解。

（二）管理启示

第一，管理者需要学会站在受众的立场看待组织合法性问题。组织合法性是由组织的受众来评价的，而不同的受众或利益相关者看待企业的视角是不同的，这决定了组织合法性具有"千人千面"的特点。管理者首先应该了解不同利益相关者的价值诉求以及能够为企业提供的资源支持，然后采用个性化、有针对性的合法化手段满足多方的需求，从而最大程度地得到利益相关者的支持。

第二，企业的不同成长逻辑决定了它们对合法性的要求存在差异。产业结构、发展阶段、企业自身能力的差异都会影响企业的成长逻辑选择。选择产品创新逻辑决定了企业要走内涵式发展道路，追求质量与长期目标；选择市场扩张逻辑意味着企业要以速度冲击质量，追求市场先发优势与短期效果。两种逻辑所需要的资源支撑存在明显差异，因此需要采用不同的合法化战略。

第三，合理选择和利用合法化战略以最大程度地支持企业成长。本研究表明，如果企业选择创新驱动的成长逻辑，应该侧重对市场合法性而不是政治合法性的追求；如果选择市场扩张的成长逻辑，那么市场合法性与政治合法性都至关重要。值得关注的是，政治合法性和市场合法性并不是非此即彼的，如何发挥二者之间的协同作用，规避潜在的冲突也是企业发展的关键。因此，管理者应该基于企业在特定情境、特定发展阶段的成长逻辑选择，采用恰当的合法化战略以更好地促进企业成长。

（三）研究不足及展望

首先，与大多数基于问卷调研的实证研究一样，本研究所采用的横截面数据很难帮助我们解释变量之间的因果关系。因此，未来研究必须尝试采用纵向数据或面板数据，或利用案例研究、田野调查等质性研究方法，考察组织合法性与企业成长绩效之间的关系，并将资源管理过程作为一个潜在的中介机制纳入模型，以更好地理解合法性如何通过影响资源管理的各个环节，对企业绩效产生不同影响。

其次，本文采用的个别量表尚不成熟，需要进一步完善。一方面，所采用的主观量表可能因为理解偏差的出现而降低量表的信度和效度；另一方面，对市场合法性和政治合法性这两个变量来说，现有研究并没有开发出成熟的量表。组织合法性是一个内涵极其丰富的概念，过往研究大多从理论层面进行探讨，或选择代理变量的方式进行实证研究，相关量表的开发尚处于起步阶段。尽管本文采用了我们所能借鉴的最可靠的量表，但它依然存在设计缺陷。因此，组织合法性量表的开发也是该领域需要解决的一个重要问题。

最后，未来需要考察组织合法性对企业成长绩效的动态影响。对于处于不同产业发展阶段或企业成长阶段的企业来说，它们对组织合法性的要求存在明显差异。例如，初创企业具有更大的一致性与差异化张力，一方面需要通过建立合法性获取创业资源，另一方面需要通过差异化来体现创业特点；而对成熟期的企业来说，合法性的禀赋较高且现有竞争优势比较稳定，一致性与差异化的张力较小。因此，一个有趣的研究话题是：在不同的发展阶段，企业应该采用哪种合法化战略以更好地对冲或平衡追求差异化所带来的压力，从而更好地促进企业成长。

资源柔性对企业多元化倾向的影响研究*

一、引言

长期以来，企业多元化和绩效关系研究是战略管理领域的一个中心话题。然而，尽管学者们围绕这一话题作出了长久而持续的努力，关于企业多元化对企业绩效的影响作用，学者们在理论和实证层面上仍没有得出清晰而一致的结论。我们认为，在普遍认同多元化战略会对企业绩效产生深刻影响的基础上，现有结论的冲突说明单方面研究多元化和绩效关系并不能揭示企业多元化影响的本质，而只有深入剖析企业多元化倾向和决策产生的原因，才能更好地理解其绩效结果。Hoskisson 和 Hitt[①] 认为，管理者动机是驱使企业多元化的重要因素。在采用同样的多元化战略基础上，管理者的动机不同，会为企业带来完全不同的绩效结果。基于这一考虑，探讨驱使企业采取多元化决策的刺激因素，远比直接研究多元化战略对企业绩效的影响更有意义。

基于资源的观点认为企业是资源的组合，有价值、稀缺的、难以模仿的

---

* 本文原载于《科技进步与对策》2010 年第 23 期，与郭海合作，收入本书时有改动。

① Hoskisson R E, Hitt M A. Antecedents and performance outcomes of diversification: A review and critique of theoretical perspectives [J]. Journal of Management, 1990, 16（2）: 461–509.

和无法替代的资源是企业竞争优势的源泉[1]。企业必须拥有一些必要的资源才能使多元化在经济上具有可行性,企业资源禀赋和管理者对资源的不同理解会导致企业不同的多元化战略选择[2]。因此,企业资源特征是驱使管理者产生多元化动机和不同的多元化战略选择倾向的重要刺激因素。绝大部分中国企业都面临资源短缺和市场环境快速多变的局面,资源柔性对企业战略的影响因而引起众多学者的关注。作为战略柔性的主要表现形式[3],资源柔性通过充分利用企业资源,动态填补企业因资源稀缺带来的资源缺口,从而增强企业对市场动态变化的适应能力。Li 和 Wong[4]认为核心竞争力是理解企业多元化成功的关键,企业家精神、创新、流程改进都可能成就企业的核心竞争力,而基于资源的观点暗示资源柔性也可能成为企业核心竞争力的重要源泉。因此研究资源柔性是否会作为一种刺激因素,通过影响企业管理者的多元化动机,导致企业产生不同的多元化倾向非常必要。值得注意的是,管理者多元化动机并非总是趋向于为企业创造价值,也包含着降低管理风险及提高管理者薪酬福利等目的。因此,在资源柔性刺激管理者通过产生多元化动机和倾向,为企业创造可能的竞争优势的过程中,企业必须采用合理的内部治理机制激励和监督管理者行为,保证管理者的多元化倾向朝着为企业创造竞争优势的方向发展。

基于代理理论和资源的观点,笔者构建了关于资源柔性、内部治理机制与企业多元化战略选择的分析框架(见图1)。其中,CEO 持股和股权集中度分别是企业内部激励机制和内部监督机制的典型代表:CEO 持股能够将 CEO 利益与企业长远利益紧密联系在一起,从而发挥激励作用;一定的股权集中度通过避免由股权分散带来的"内部人控制"等问题,监督企业管理者更好地为企业利益服务。相关多元化和无关多元化是两种多元化基本类型,前者

---

[1] Barney J.Firm resources and sustained competitive advantage [J].Journal of Management, 1991, 17 (1): 99–120.

[2] Chatterjee S, Wernerfelt B.The link between resources and type of diversification: Theory and evidence [J].Strategic Management Journal, 1991, 12 (1): 33–48.

[3] Sanche Z.Preparing for an uncertain future [J].International Studies of Management and Organization.1997, 27 (2): 71–95.

[4] Li M, Wong Y Y.Diversification and economic performance: An empirical assessment of Chinese firms [J].Asia Pacific Journal of Management, 2003, 20: 243–265.

通过创造不同业务之间的规模经济追求企业战略竞争优势，而后者主要通过财务经济性的实现为企业创造价值。

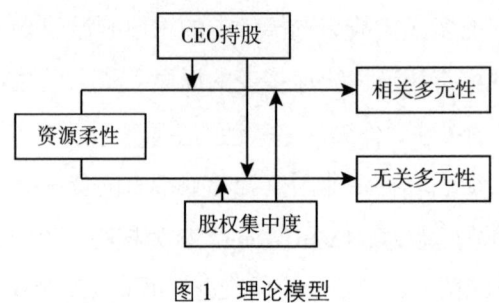

图 1　理论模型

二、理论基础

（一）资源柔性

战略柔性指企业通过主动的或反应性的方式对市场机遇或威胁作出迅速回应，以达到管理风险或不确定性的能力。Sanchez[①] 认为战略柔性包括资源柔性和协调柔性两部分，战略柔性开发可以通过组织利用柔性化资源以及协调资源进行柔性化的资源配置等手段，创造一系列的战略选择需求。其中，柔性化资源的利用是战略柔性的基础。对战略管理者而言，他们可以通过识别和利用柔性化资源以应对动态变化的不确定环境。资源柔性可以用资源潜在用途的 3 个维度来描述：①当资源可被利用的使用范围扩大时，资源的柔性较大。也就是说，当企业资源可以用于开发、制造、分配和销售多种产品时，企业资源柔性提高。②当资源从一种用途转变到另一种用途的成本和难度较小时，资源的柔性较大。例如，当从生产一种产品转变到生产另一种产品的转换成本降低时，生产线的柔性就提高了。③当转变到另一种可选的资源用途所需的时间较少时，资源的柔性较大。该维度隐含的意思是，在将资源从一种用途转变到另一种用途期间要承担机会成本。

---

① Sanche Z.Preparing for an uncertain future［J］.International Studies of Management and Organization.1997，27（2）：71-95.

在不确定市场环境下，提高资源的柔性可以使资源得以充分利用，增强对市场动态变化的适应能力，扩大企业战略选择空间，从而提高企业创造竞争优势的可能性。例如，Matthew[①]认为，资源柔性是适应环境变化的缓冲器，资源柔性越高，企业越有能力应付随时可能出现的不确定性因素。随着组织柔性的增强以及资源迅速、廉价地转向其他用途的能力提高，企业可以把资源投入新的战略用途，以降低风险，获取新的竞争优势。作为企业战略的基本类型，企业多元化战略备受关注。遗憾的是，企业多元化战略对绩效的影响研究并没有得到一致的结论，而探讨资源柔性是否会刺激企业实施多元化战略很有必要。

（二）企业多元化

相关多元化和无关多元化是企业多元化战略的两种基本类型。相关多元化是企业为了追求战略竞争优势，增强或扩展其已有的资源、能力而有意识采用的战略。通过将能力和竞争力从一项业务传递到其他业务以达到规模经济的效果，是企业采用相关多元化的主要原因。无关多元化主要通过实现财务经济性来创造价值。它主要通过有效的内部资本市场配置和外部市场重组两种途径，借助企业内部或外部的投资，优化配置财物资源，实现成本节约[②]。相关多元化和无关多元化的动机如图2所示。

关于企业多元化有很多不同的研究观点，本文从基于资源的观点以及代理理论两个方面加以简单分析。基于资源的观点认为企业多元化选择与企业资源构建和使用有关。随着学者越来越多地将战略研究重点转移到企业内部资源和能力中，基于资源的观点在解释企业多元化选择中扮演着越来越重要的角色。该观点认为由于企业资源的稀缺性及流动性不同，他们创造价值的能力不同，不同类型的资源对企业多元化的影响也存在差异[③]。例如，

---

① 李垣，王龙伟，谢恩.动态环境下组织资源对战略变化的影响研究［J］.管理学报，2004（1）：58-61+111-4.

② 杨林，陈传明.多元化发展战略与企业绩效关系研究综述［J］.外国经济与管理，2005（7）：34-43.

③ Hitt M A, Ireland R D, Hanson D.Strategic management：Competitiveness & globalisation（Concept）（6th Ed）［M］Cincinnati, Ohio：South-Western College Pub, 2005.

Chatterjee 和 Wernerfelt 的研究发现，不同类型的企业资源是解释企业不同多元化类型选择的决定因素。有形资源的利用、基于资源的知识利用以及外部财物资源的利用促进企业采用相关多元化战略，而内部财务资源利用会促进企业更多地采用无关多元化战略[①]。与基于资源的观点不同，代理理论强调随着企业所有权与控制权的分离[②]，高层管理者和所有者间产生的利益分歧以及信息不对称的存在，会为高层管理者追求损害企业绩效的多元化战略，尤其是无关多元化战略创造条件。代理理论认为，只要公司的利润不受太大损失，企业高层管理人员可能会为了分散他们的就业风险、采取机会主义行为而引导公司经营向多元化发展。与西方企业相比，中国企业治理制度很不完善，股权过度集中、管理层激励制度不完善等问题大量存在，从而影响企业多元化战略选择，因此仅仅强调基于资源观点对企业多元化的解释并不合理，本文将结合基于资源观点和代理理论，对资源柔性、内部治理机制及多元化倾向间的关系进行更为完整的解释。

	相关多元化	无关多元化
负面影响	分散管理层就业风险 增加管理者报酬 机会主义行为	分散管理层就业风险 增加管理者报酬 机会主义行为
中性影响	制造影响（反垄断、税收） 不确定的未来现金流 风险降低 有形、无形资产影响	制造影响（反垄断、税收） 不确定的未来现金流 风险降低 有形、无形资产影响
正面影响	规模经济 范围经济 市场影响力	财务经济

图 2　多元化动机和类型选择[③]

---

① Chatterjee S, Wernerfelt B.The link between resources and type of diversification: Theory and evidence [J].Strategic Management Journal, 1991, 12（1）: 33–48.

② Hitt M A, Ireland R D, Hanson D.Strategic management: Competitiveness and globalisation（Concept）(6th Ed)[M] Cincinnati, Ohio: South-Western College Pub, 2005.

③ Hitt M A, Ireland R D, Hanson D.Strategic management: Competitiveness and globalisation（Concept）(6th Ed)[M] Cincinnati, Ohio: South-Western College Pub, 2005.

三、命题的提出

(一) 资源柔性与企业多元化

基于资源的观点认为,对资源柔性高的企业来讲,企业资源的应用范围更广,资源使用和功能转换的成本更低,这使得企业可以更轻松地实现资源共享和企业能力的构建与发挥。一方面,资源柔性的提高使得企业可以通过共享其主要活动或辅助性行为创造经营层面的相关性。研究表明,在各项业务单元中实现行为共享可以为企业创造价值。例如,对同行业并购的研究表明,并购后共享的行为及资源以及所形成的规模经济都有利于提高企业的形象及股东回报[①]。还有研究表明,业务单元越相关的企业所承担的风险越小[②],而资源柔性显然可以进一步通过共享资源、降低风险实现规模经济,从而创造企业价值。另一方面,企业资源管理是构建资源组合、整合资源形成能力以及发挥能力、提高绩效的过程[③④],资源柔性提高能够提高企业资源组合构建的效率,为整合资源形成能力提供足够的选择空间,有利于企业竞争优势的传递。也就是说,对与业务相关的企业来讲,资源柔性的提高,使得企业可以在公司层面上将某业务的竞争力传递给其他业务,从而创造价值。

动机不同使得管理者对待资源柔性的态度也不同。对选择相关多元化的

---

① DeLong G L.Stockholder gains from focusing versus diversifying bank mergers [J].Journal of Financial Economics,2001,59(2):221-252.

② Lubatkin M,Chatterjee S.Extending modern portfolio theory into the domain of corporate diversification:does it apply? [J].Academy of Management Journal,1994,37(1):109-136.

③ Ireland R D,Hitt M A,Sirmon D G.A model of strategic entrepreneurship:The construct and its dimensions [J].Journal of Management,2001(22):479-491.

④ 郭海,李垣.治理机制、管理创新能力与自主创新关系研究 [J].科学学研究,2006(6):962-966.

管理者来说，资源柔性是一种促进因素，它使得企业更容易实施战略变化[①]。但也有学者认为资源是一种承诺，资源柔性在提高企业应对环境变化的适应能力的同时，使决策者对外部变化变得更不敏感。此时，管理者探索和应用新的市场机遇的能力随之下降。理论上讲，无关多元化可以通过实现财务经济性创造价值。但对中国企业来讲，由于资本市场不完善，大多数企业面临财物资源短缺、现金流不稳定等问题。这大大降低了企业通过有效的内部资本配置以及在外部市场上买进和卖出，实现财务经济性的可能性，从而抑制企业通过无关多元化创造竞争优势的动机。代理理论认为企业采取无关多元化决策是管理者自私自利行为的结果：管理者的多元化动机包含降低管理风险及提高薪酬福利等。一方面，管理者参与多元化活动可以限制其收入变动幅度、降低就业风险，而这种多元化行为有损股东利益；另一方面，企业多元化使得管理者不可或缺，从而提升管理者威望以及收入水平。

考虑到管理者选择无关多元化战略主要是出于风险规避和个人收入提升的目的，此时资源柔性的提高会诱使管理者更多地依赖于现有资源和能力组合采取战略决策，降低管理者为了适应环境变化而改变战略和资源集合的意愿。因此，过分强调资源柔性会导致资源集合的刚性和组织惰性的产生。此外，资源柔性高的企业更容易适应环境变化，从而更方便地通过现有资源保持现状，因此，资源柔性会降低管理者的管理风险。管理风险的降低意味着公司利益很难遭受重大损失，此时企业高层管理者会为了分散他们的就业风险、进一步提高收入水平，而引导公司经营向过度无关多元化方向发展。总之，资源柔性的提高会进一步刺激企业高层管理者产生无关多元化选择的倾向。基于以上讨论我们提出如下命题：

P1：资源柔性增强企业相关多元化选择倾向；

P2：资源柔性增强企业无关多元化选择倾向。

[①] 李垣，王龙伟，谢恩.动态环境下组织资源对战略变化的影响研究［J］.管理学报，2004（1）：58-61.

（二）治理机制对资源柔性与多元化选择关系的调节影响

CEO 持股，即 CEO 是否持有企业的股权以及持有股权的比例多少，是激励机制的一种主要表现形式。代理理论认为，CEO 持股通过给 CEO 戴上"金手铐"的方式将其个人利益与所有者利益联系在一起，促使 CEO 采取为企业创造价值的举措。追其原因，资源柔性的提高会通过行为共享的方式降低企业构建资源组合难度，多样化企业整合资源形成能力的途径、范围和成本，从而促进企业业务在相关业务单元间的扩散；而管理者，尤其是企业 CEO 在企业资源管理过程中扮演领导者角色。对具备管理能力的 CEO 来讲，从代理人到委托人的角色转变伴随着 CEO 从"为企业工作到为自己工作"的心理转变，这给他们的管理能力发挥提供了动力，从而极大地调动 CEO 参与企业资源管理的积极性。也就是说，管理者持股会促进其通过积极参与构建资源组合、整合资源形成能力以及将能力转变成绩效的资源管理过程，将资源柔性的作用充分发挥出来，从而增强资源柔性对企业相关多元化的促进作用。

管理者产生降低管理风险及提高薪酬福利的多元化动机，使得资源柔性增强企业管理者无关多元化选择倾向，这在企业内部治理机制不健全的情况下体现得最为明显。但当赋予 CEO 一定股权时，个人利益与企业经营业绩在一定程度上联系在一起，企业 CEO 会更加主动地执行对公司有利的战略行为。CEO 持股作为一种激励机制，将 CEO 个人利益与所有者利益联系在一起，从而在一定程度上削弱企业与管理者因资源柔性提高产生的代理问题，抑制企业管理者因此产生的无关多元化选择倾向。因此，我们提出如下命题：

P3：CEO 持股正向调节资源柔性与企业相关多元化倾向的关系；

P4：CEO 持股负向调节资源柔性与企业无关多元化倾向的关系。

股权集中度是治理机制研究中的一个关键因素，它代表了企业资源和能力的集中程度，可以影响管理者战略决策行为。股权结构会对企业多元化选择等决策行为产生重要影响。如果股权结构分散，投资者尤其是散户投资者就不会成为公司治理的积极参与者，这使得任何单一股东都缺乏参与公司治理和驱动公司价值增长的激励活动的积极性。此时就会产生经理层"内部人控制"问题，形成公司管理层强、外部股东弱的局面，增加了 CEO 采取投机行为的可能性，从而损害股东利益。当企业具备一定的股权集中度后股东可以对公司经营者进行有效的监督。一方面，有效监督降低了管理者参与资源管理、基于资源柔性的战略决策自由，限制了管理者出于降低就业风险和提高薪酬福利等目的，而随意改变资源潜在用途来参与无关多元化的倾向，从而抑制资源柔性对企业无关多元化的促进作用；另一方面，有效监督使得管理者将更多的精力放在为企业创造价值的活动中。基于资源的观点认为，此时管理者会更多地利用资源柔性优势，通过行为共享、业务能力传递等方式，积极参与能够为企业创造规模经济和市场影响力的相关多元化活动。

P5：一定的股权集中度正向调节资源柔性与企业相关多元化倾向的关系；

P6：一定的股权集中度负向调节资源柔性与企业无关多元化倾向的关系。

四、结语

本文研究了资源柔性对企业多元化战略选择的影响，并提出了关于资源柔性、企业内部治理机制及多元化选择倾向间关系的分析框架。基于代理理论和基于资源的观点的解释，本文研究得出以下结论：

（1）资源柔性是影响企业多元化战略选择的重要刺激因素。在大部分学者关注多元化与企业绩效关系的研究背景下[1]，本文强调研究企业多元化动机的重要性，并将资源柔性作为企业多元化选择的前因变量加以研究，丰富了以往关于企业多元化与绩效关系的研究成果。

（2）尽管资源柔性会同时增强企业管理者选择相关多元化和无关多元化战略的倾向，但其动机并不一致。一方面，由于资源柔性提升企业资源适用范围和应对外部环境变化的能力，从基于资源的观点考虑，资源柔性的提升可以提高企业在相关业务范围内运营的能力，从而通过规模经济等方式为企业带来竞争优势。因此，基于资源的观点认为资源柔性有利于企业采取相关

---

① 韩忠雪，朱荣林. 多元化公司内部资本市场理论研究［J］. 外国经济与管理，2005（2）：38–43.

多元化战略。另一方面，资源柔性也会在一定程度上促进企业采用无关多元化战略。事实上，由于中国企业资源匮乏，这种资源柔性在非相关业务中的扩散非常困难，因此企业很难借助资源柔性实现财务经济增长。相反，管理者采取无关多元化战略更多的是希望借此提高自身薪酬水平，分散其就业风险。由于资源柔性的提高使得企业更容易适应环境变化，从而更方便通过现有资源保持现状，管理风险的降低在一定程度上增强了企业管理者采取无关多元化战略的倾向。因此基于代理理论的观点，本文认为资源柔性会促进企业采取无关多元化倾向。

（3）内部治理机制会促进企业利用相关多元化战略获取竞争优势。研究发现，一定的股权集中度会正向影响资源柔性与相关多元化倾向间的关系，抑制资源柔性对无关多元化倾向的促进作用。另外，CEO 持股会激励企业管理者合理利用资源柔性采取相关多元化决策，同时会负向调节资源柔性与无关多元化的关系。这些发现说明，一定的 CEO 持股份额以及股权集中度会帮助企业管理者采取相关多元化的战略为企业创造价值，降低管理者通过采用无关多元化战略为自身利益服务的可能性。

创业导向与企业绩效：制度创业的观点[*]

一、引言

作为企业家精神在整个企业渗透程度的体现，创业导向（entrepreneurial orientation，也译为企业家导向）致力于推动企业不断寻找新机会，并在承担一定风险的情况下开展创新活动或采取超前行动来把握这些机会。[①] 因此，诸多学者认为，创业导向对企业绩效有正向的影响作用。[②] 然而，现有研究并没有得出一致的结论，这些研究发现，创业导向与企业绩效呈正向的、不显著的、负向的及非线性的关系。[③] 导致研究结论不一致的主要原因是创新导向与企业绩效的关系会受到各种要素的影响。[④] 因此，分析各种潜在要素对该关系的调节作用就成为目前研究的热点问题之一。具体而言，现有研究已经分

---

[*] 本文原载于《经济体制改革》2016年第5期，与苏中锋、沈灏合作，收入本书时有改动。

[①] Lumpkin G T, Dess G G. Clarifying the Entrepreneurial Orientation Construct and Linking it to Performance [J].Academy of Management Review, 1996, 21: 135-172.

[②] Wales W J, Gupta V K, Mousa FT.Empirical Research on Entrepreneurial Orientation: An Assessment and Suggestions for Future Research [J].International Small Business Journal, 2013, 31（4）: 357-383.

[③] 张晓，胡丽娜.创业导向对企业绩效影响关系的边界条件研究：基于元分析技术的探索 [J]. 管理世界, 2013（6）: 99-110.

[④] Rauch A, Wiklund J, Lumpkin G T, et al. Entrepreneurial Orientation and Business Performance: An Assessment of Past Research and Suggestions for the Future [J]. Entrepreneurship Theory and Practice, 2009, 33: 761-781.

析了各种潜在要素，如环境不确定、行业特征、企业资源与能力、企业战略、组织结构特征、高管团队特征、企业外部网络关系等所发挥的调节作用。[①] 这些研究丰富了对创业导向与企业绩效之间的关系的认识，但其很少关注制度要素所发挥的影响作用。[②]

制度创业的观点认为，制度要素和企业家精神存在密切的联系。一方面，制度要素会影响企业家精神的发挥；另一方面，企业会利用企业家精神来把握和应对制度要素所带来的机遇与挑战，甚至采取行动改变相关制度要素来营造制度环境。[③] 基于制度创业的观点，本文认为制度要素对创业导向与企业绩效的关系有调节作用。同时，在我国制度转型的背景下，制度要素对企业的影响强于环境与行业要素、企业资源与能力等的影响。[④] 因此，在我国企业中，制度要素对创业导向与企业绩效之间的关系有着更显著的影响作用。遗憾的是，现有研究对制度要素的作用缺乏分析，成为研究中的不足之处。[⑤]

为弥补上述不足，本文将分析制度要素对创业导向与企业绩效关系的调节作用。具体而言，在我国制度转型的过程中，规范市场竞争的法律、法规

---

① Wales W J, Gupta V K, Mousa F T.Empirical Research on Entrepreneurial Orientation: An Assessment and Suggestions for Future Research [J].International Small Business Journal, 2013, 31 (4): 357-383.

② Rauch A, Wiklund J, Lumpkin G T, et al. Entrepreneurial Orientation and Business Performance: An Assessment of Past Research and Suggestions for the Future [J]. Entrepreneurship Theory and Practice, 2009, 33: 761-781.

③ Bruton G D, Ahlstrom D, Obloj K.Entrepreneurship in Emerging Economies: Where Are We Today and Where Should the Research Go in the Future [J].Entrepreneurship Theory and Practice, 2008, 32: 1-14.

④ Lu J, Liu X, Wang H.Motives for Outward FDI of Chinese Private Firms: Firm Resources, Industry Dynamics, and Government Policies [J].Management and Organization Review, 2010, 7 (2): 223-248.

⑤ Bruton G D, Ahlstrom D, Li H.Institutional Theory and Entrepreneurship: Where Are We Now and Where Do We Need to Move in the future? [J].Entrepreneurship Theory and Practice, 2010, 34 (3): 421-440.

等的不完善导致市场上存在各种不良竞争行为。① 同时，我国政府会直接参与市场活动，通过向企业提供支持来指引和帮助其提高市场竞争力。② 因此，现有研究指出：不良竞争（dysfunctional competition）和政府支持（government support）是最重要也最能体现我国制度环境特征的要素。③ 不良竞争和政府支持也影响企业家精神的发挥。④ 两者对创业导向与企业绩效之间的关系有显著的调节作用。因此，本文将重点关注不良竞争和政府支持这两个制度要素，分析其对创业导向与企业绩效关系的调节作用。本研究可以弥补现有对创业导向与企业绩效关系研究的不足，丰富对创业导向与企业绩效关系的认识，对创业管理理论研究有一定的贡献。同时，本文结论可以帮助企业针对所面临的制度环境更好地利用创业导向来提高企业绩效，具有一定的实践价值。

二、文献回顾与假设

（一）创业导向

创业导向是创业管理理论研究中的一个核心概念，体现了企业家精神在整个企业的渗透程度。⑤ 创业导向致力于推动企业不断寻找新机会，并在承担一定风险的情况下开展创新活动或采取超前行动来把握和利用机会。⑥ 因此，

---

① Li H, Atuahene-Gima K.Product Innovation Strategy and the Performance of New Technology Ventures in China [J].Academy of Management Journal, 2001, 44（6）：1123–1134.

② Sheng S, Zhou K Z, Li J J.The Effects of Business and Political Ties on Firm Performance：Evidence from China [J].Journal of Marketing, 2011（1）：1–15.

③ Su Z, Peng MW, Xie E.A Strategy Tripod Perspective on Knowledge Creation Capability [J].British Journal of Management, 2016, 27（1）：58–76.

④ Bruton G D, Su Z, Filatotchev I.New Venture Performance in Transition Economies from Different Institutional Perspectives [J].Journal of Small Business Management, 2016, accepted.

⑤ Su Z, Xie E, Wang D.Entrepreneurial Orientation, Managerial Networking, and New Venture Performance in China [J].Journal of Small Business Management, 2015, 53（1）：228–248.

⑥ Lumpkin G T, Dess G G.Clarifying the Entrepreneurial Orientation Construct and Linking it to Performance [J].Academy of Management Review, 1996, 21：135–172.

创业导向有3个重要特征：创新性、先动性和风险承担性。① 其中，创新性指企业不断产生新想法、新理念，以推动创新的不断出现；② 先动性指企业积极主动预测环境变化，寻找潜在的有用信息，并率先采取行动从而取得先发优势；③ 风险承担性体现了企业的风险偏好，即在不确定环境且不知道能否成功的前提下，仍愿意采取行动抓住机会的倾向。④ 创新性推动企业开展创新进而获得好的企业绩效，先动性使企业获得先发优势进而保持竞争优势，而风险承担性可以帮助企业承担开展创新和采取超前行动的风险，保证创新性和先动性价值的实现。⑤ 因此，创业导向被认为可以提高企业绩效。⑥

大量学者对创业导向与企业绩效的关系进行了实证检验，但并没有得出一致的结论。⑦ 大部分研究发现创业导向对企业绩效有正向的影响作用，也有研究发现两者不存在显著的联系，⑧ 还有研究认为创业导向会对企业绩效产生

---

① Covin J G, Slevin D P.Strategic Management of Small Firms in Hostile and Benign Environments[J]. Strategic Management Journal, 1989, 10 (1): 75–87.
② Keh H T, Nguyen T T M, NGHP.The Effects of Entrepreneurial Orientation and Marketing Information on the Performance of SMEs [J].Journal of Business Venturing, 2007, 22 (4): 592–611.
③ Lumpkin G T, Dess G G.Clarifying the Entrepreneurial Orientation Construct and Linking it to Performance [J].Academy of Management Review, 1996, 21: 135–172.
④ Su Z, Xie E, Wang D.Entrepreneurial Orientation, Managerial Networking, and New Venture Performance in China [J].Journal of Small Business Management, 2015, 53 (1): 228–248.
⑤ Rauch A, Wiklund J, Lumpkin G T, et al. Entrepreneurial Orientation and Business Performance: An Assessment of Past Research and Suggestions for the Future [J].Entrepreneurship Theory and Practice, 2009, 33: 761–781.
⑥ Wales W J, Gupta V K, Mousa F T.Empirical Research on Entrepreneurial Orientation: An Assessment and Suggestions for Future Research [J].International Small Business Journal, 2013, 31 (4): 357–383.
⑦ 张晓, 胡丽娜.创业导向对企业绩效影响关系的边界条件研究：基于元分析技术的探索 [J]. 管理世界, 2013 (6): 99–110.
⑧ Stam W, Elfring T.Entrepreneurial Orientation and New Venture Performance: The Moderating Role of Intra-and Extra-industry Social Capital [J].Academy of Management Journal, 2008, 51: 97–111.

负向的影响,① 更有研究发现创业导向和企业绩效之间存在着非线性的关系。② 导致研究结论不一致的主要原因是创新导向与企业绩效的关系会受到各种要素的影响。③ 因此,相关学者开始关注各种要素对二者关系的影响作用。通过对 158 篇相关文献的梳理,Wales 等（2013）指出,现有研究已分析了环境不确定、行业特征、企业资源与能力、企业战略、组织结构特征、高管团队特征、企业外部网络关系等要素对创业导向与企业绩效关系的调节作用。④ 这些研究极大地丰富了对创业导向与企业绩效关系的认识,但极少关注制度要素所发挥的影响作用。⑤

制度要素在市场活动中发挥了重要作用,会影响企业家精神的发挥,其对创业导向与企业绩效的关系也有着重要的影响作用。⑥ 同时,在我国制度转型的背景下,制度要素对企业的影响强于环境与行业要素、企业资源与能力等的影响。⑦ 因此,分析制度要素对创业导向与企业绩效关系的影响作用有着重要价值。然而,现有研究对制度要素的作用却缺乏分析,这成为亟须弥补

---

① Wiklund J, Shepherd D.Where to from Here?EO-as-experimentation, Failure, and Distribution of Outcomes [J].Entrepreneurship Theory and Practice, 2011, 35: 925-946.

② Su Z, Xie E, Li Y.Entrepreneurial Orientation and Firm Performance in New Ventures and Established Firms [J].Journal of Small Business Management, 2011, 49（4）: 558-577.

③ Rauch A, Wiklund J, Lumpkin G T, et al. Entrepreneurial Orientation and Business Performance: An Assessment of Past Research and Suggestions for the Future [J].Entrepreneurship Theory and Practice, 2009, 33: 761-781.

④ Wales W J, Gupta V K, Mousa F T.Empirical Research on Entrepreneurial Orientation: An Assessment and Suggestions for Future Research [J].International Small Business Journal, 2013, 31（4）: 357-383.

⑤ Rauch A, Wiklund J, Lumpkin G T, et al. Entrepreneurial Orientation and Business Performance: An Assessment of Past Research and Suggestions for the Future [J].Entrepreneurship Theory and Practice, 2009, 33: 761-781.

⑥ Bruton G D, Ahlstrom D, Obloj K.Entrepreneurship in Emerging Economies: Where Are We Today and Where Should the Research Go in the Future [J].Entrepreneurship Theory and Practice, 2008, 32（1）: 1-14.

⑦ Lu J, Liu X, Wang H.Motives for Outward FDI of Chinese Private Firms: Firm Resources, Industry Dynamics, and Government Policies [J].Management and Organization Review, 2010, 7（2）: 223-248.

的一个研究不足。① 制度创业的观点认为制度要素和企业家精神存在密切的联系，该观点可以为分析制度要素对创业导向与企业绩效关系的影响作用提供指导。因此，本文将基于制度创业的观点研究制度要素对创业导向与企业绩效关系的调节作用。

在分析制度要素的调节作用以前，需要确立创业导向与企业绩效之间的关系。虽然现有研究对该关系有着不同的结论，但大部分研究都发现创业导向和企业绩效之间有正向关系。② 同时，Wales 等（2013）对 158 篇相关文献进行的元分析③ 以及张骁和胡丽娜（2013）对 1990—2012 年的 135 个独立研究样本进行的元分析④ 都发现创业导向和企业绩效呈正相关关系；而且，针对我国制度转型背景开展的大量实证研究，如张玉利、李乾文（2009）⑤、Su et al.（2015）⑥ 等，都发现创业导向对企业绩效有正向的影响作用。与这些研究一致，本文也认为创业导向与企业绩效呈正相关关系。

假设1：创业导向与企业绩效存在正向的关系。

（二）制度创业的观点

本文基于制度创业的观点进行分析，因此需要对该观点进行简要回顾。

---

① Bruton G D, Ahlstrom D, Li H.Institutional Theory and Entrepreneurship: Where Are We Now and Where Do We Need to Move in the future? [J].Entrepreneurship Theory and Practice, 2010, 34（3）：421-440.

② Rauch A, Wiklund J, Lumpkin G T, et al. Entrepreneurial Orientation and Business Performance: An Assessment of Past Research and Suggestions for the Future [J]. Entrepreneurship Theory and Practice, 2009, 33：761-781.

③ Wales W J, Gupta V K, Mousa F T.Empirical Research on Entrepreneurial Orientation: An Assessment and Suggestions for Future Research [J].International Small Business Journal, 2013, 31（4）：357-383.

④ 张骁，胡丽娜.创业导向对企业绩效影响关系的边界条件研究：基于元分析技术的探索[J].管理世界，2013（6）：99-110.

⑤ 张玉利，李乾文.公司创业导向、双元能力与组织绩效[J].管理科学学报，2009（1）：137-152.

⑥ Su Z, Xie E, Wang D.Entrepreneurial Orientation, Managerial Networking, and New Venture Performance in China [J].Journal of Small Business Management, 2015, 53（1）：228-248.

制度创业的观点源于制度理论和创业管理理论的融合。① 其中，制度理论关注制度要素的影响作用，认为制度要素不仅在市场竞争中发挥作用，也会影响企业的战略选择与行动、企业资源和能力的构建与价值、企业组织结构与关系网络的建立等。② 制度理论的研究发现，制度要素对企业家精神有重要的影响作用，其不仅影响企业家精神的发挥，还影响企业家精神的价值。③ 创业管理研究关注企业家精神，发现企业家精神的价值及发挥不仅受制度要素的影响，而且企业可以利用企业家精神来把握和应对制度要素带来的机遇和挑战，甚至采取行动改变相关制度要素来营造制度环境。④ 由于制度要素和企业家精神相互影响，诸多学者融合制度理论与创业管理理论的观点来分析制度要素和企业家精神的联系，产生了制度创业的观点。

对于制度创业的观点，诸多学者如项国鹏、胡玉和、迟考勋（2011）⑤、方世建、孙薇（2012）⑥、尤树洋、杜运周、张祎（2015）⑦、李雪灵、黄翔、申佳、王冲（2015）⑧ 等已进行了系统的梳理与综述。因此，本文仅对制度创业

---

① Bruton G D, Ahlstrom D, Li H.Institutional Theory and Entrepreneurship: Where Are We Now and Where Do We Need to Move in the future? [J].Entrepreneurship Theory and Practice, 2010, 34（3）: 421–440.

② Peng M W.Institutional Transitions and Strategic Choices [J].Academy of Management Review, 2003, 28: 275–296.

③ Bruton G D, Su Z, Filatotchev I.New Venture Performance in Transition Economies from Different Institutional Perspectives [J].Journal of Small Business Management, 2016, accepted.

④ Bruton G D, Ahlstrom D, Obloj K.Entrepreneurship in Emerging Economies: Where Are We Today and Where Should the Research Go in the Future [J].Entrepreneurship Theory and Practice, 2008, 32（1）: 1–14.

⑤ 项国鹏, 胡玉和, 迟考勋.国外制度创业研究前沿探析与未来展望[J].外国经济与管理, 2011（5）: 1–8.

⑥ 方世建, 孙薇.制度创业: 经典模型回顾、理论综合与研究展望[J].外国经济与管理, 2012（8）: 1–10.

⑦ 尤树洋, 杜运周, 张祎.制度创业的概念述评、量化分析与研究展望[J].管理学报, 2015（11）: 1718–1728.

⑧ 李雪灵, 黄翔, 申佳, 等.新企业创业导向与创新绩效关系研究: 积极型市场导向的中介作用[J].中国工业经济, 2010（6）: 116–125.

的观点进行简要介绍。具体而言，制度创业的观点认为，制度要素和企业家精神存在密切的联系，二者相互影响。① 一方面，制度要素会影响企业家精神的价值和发挥。② 例如，当制度环境支持企业家精神时，企业会主动发挥企业家精神采取创新性和先动性行动并承担风险；而当制度环境约束企业家精神时，企业将限制企业家精神的发挥，较少采取创新性和先动性行动并承担风险。③ 另一方面，企业会利用企业家精神来把握和应对制度要素所带来的机会和挑战。④ 富有企业家精神的企业甚至会努力改变相关制度来营造更加有利的制度环境。⑤

根据制度创业的观点，作为企业家精神在整个企业渗透程度体现的创业导向价值不可避免地会受到制度环境的影响。因此，制度环境对创业导向与企业绩效之间的关系可能有显著的调节作用。在我国制度转型过程中，最重要也最能体现制度环境特征的两个要素是不良竞争和政府支持。⑥ 同时，大量学者发现不良竞争和政府支持对企业有着广泛而深远的影响。⑦⑧ 因此，本文

---

① Bruton G D, Ahlstrom D, Li H.Institutional Theory and Entrepreneurship: Where Are We Now and Where Do We Need to Move in the future? [J].Entrepreneurship Theory and Practice, 2010, 34（3）: 421-440.

② Bruton G D, Ahlstrom D, Obloj K.Entrepreneurship in Emerging Economies: Where Are We Today and Where Should the Research Go in the Future [J].Entrepreneurship Theory and Practice, 2008, 32: 1-14.

③ 方世建, 孙薇.制度创业: 经典模型回顾、理论综合与研究展望 [J].外国经济与管理, 2012（8）: 1-10.

④ Bruton G D, Su Z, Filatotchev I.New Venture Performance in Transition Economies from Different Institutional Perspectives [J].Journal of Small Business Management, 2016, accepted.

⑤ Bruton G D, Ahlstrom D, Li H.Institutional Theory and Entrepreneurship: Where Are We Now and Where Do We Need to Move in the future? [J].Entrepreneurship Theory and Practice, 2010, 34: 421-440.

⑥ Su Z, Peng M W, Xie E.A Strategy Tripod Perspective on Knowledge Creation Capability [J].British Journal of Management, 2016, 27: 58-76.

⑦ Li H, Atuahene-Gima K.Product Innovation Strategy and the Performance of New Technology Ventures in China [J].Academy of Management Journal, 2001, 44（6）: 1123-1134.

⑧ Sheng S, Zhou K Z, Li J J.The Effects of Business and Political Ties on Firm Performance: Evidence from China [J].Journal of Marketing, 2011, 75（1）: 1-15.

将集中于不良竞争和政府支持这两个制度要素，构建如图 1 所示的研究模型来分析它们对创业导向与企业绩效之间的关系的调节作用。

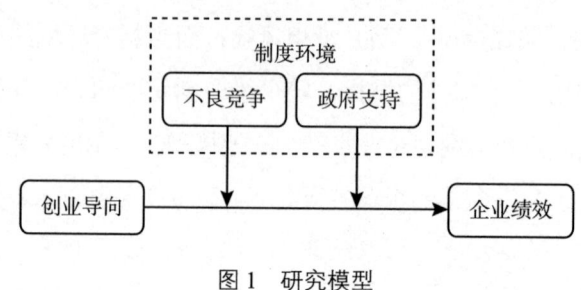

图 1　研究模型

（三）不良竞争的影响作用

在我国制度转型的过程中，支持市场经济的制度体系有一个逐步建立和完善的过程。在这个过程中，由于制度体系的不完善，市场上存在各种不良竞争行为（如伪造产品和商标、抄袭专利等）。[1] 不良竞争体现了企业所面临的市场竞争中采取不公平行为、机会主义行为甚至不合法行为的程度。[2] 不良竞争体现了制度体系的完善程度，不良竞争越高，意味着各种制度对市场交易的监管越不完善，不合法行为和机会主义行为越普遍，市场中出现专利和版权纠纷、违反合同等现象越多。[3] 由于不良竞争和制度转型存在密切的联系，大量学者普遍认为不良竞争是最能体现我国制度环境特征的一个重要要素。[4]

---

[1] Sheng S, Zhou K Z, Li J J.The Effects of Business and Political Ties on Firm Performance：Evidence from China［J］.Journal of Marketing，2011，75（1）：1-15.

[2] Li H, Atuahene-Gima K.Product Innovation Strategy and the Performance of New Technology Ventures in China［J］.Academy of Management Journal，2001，44（6）：1123-1134.

[3] Li H, Zhang Y. The Role of Managers'Political Networking and Functional Experience in New Venture Performance：Evidence from China's Transition Economy［J］.Strategic Management Journal，2007，28：791-804.

[4] Su Z, Peng M W, Xie E.A Strategy Tripod Perspective on Knowledge Creation Capability［J］.British Journal of Management，2016，27（1）：58-76.

现有研究发现，不良竞争对企业有着显著的影响作用。例如，Sheng 等（2011）发现，不良竞争对企业绩效有负向的影响作用，但其使企业外部关系更有价值。[①]Li 和 Zhang（2007）则发现，不良竞争对创业企业绩效没有显著的影响作用，但会降低创业团队经验对企业绩效的贡献。[②]苏中锋、孙燕（2014）的研究发现，不良竞争正向调节管理创新和企业绩效的关系，负向调节技术创新和企业绩效的关系。[③]综合现有研究的论述，本文认为，不良竞争对企业有两方面的影响作用。一方面，不良竞争会对企业经营产生不利影响，如不良竞争会伤害企业一些资源的价值等；[④]另一方面，如果企业有能力避免或化解不良竞争造成的不利影响，这些企业更容易在竞争中脱颖而出，[⑤]即不良竞争既给企业带来了经营上的挑战，也给企业提供了脱颖而出的机会。[⑥]

创业导向可以帮助企业应对不良竞争带来的挑战，因此不良竞争给富有创业导向的企业提供了脱颖而出的机会。例如，虽然不良竞争会妨碍企业获取创新收益，但创业导向创新性鼓励企业通过快速而高效的创新不断地进行产品的更新、换代与升级。[⑦]产品快速的更新、换代与升级可以有效地避免市场上因各种模仿、抄袭等行为产生的不利影响，帮助企业获取创新的收益和

[①] Sheng S, Zhou K Z, Li J J.The Effects of Business and Political Ties on Firm Performance：Evidence from China［J］.Journal of Marketing，2011，75（1）：1–15.

[②] Li H, Zhang Y.The Role of Managers'Political Networking and Functional Experience in New Venture Performance：Evidence from China's Transition Economy［J］.Strategic Management Journal，2007，28：791–804.

[③] 苏中锋, 孙燕.不良竞争环境中管理创新和技术创新对企业绩效的影响研究［J］.科学学与科学技术管理，2014（6）：110–118.

[④] Li H, Atuahene-Gima K.Product Innovation Strategy and the Performance of New Technology Ventures in China［J］.Academy of Management Journal，2001，44（6）：1123–1134.

[⑤] 苏中锋, 孙燕.不良竞争环境中管理创新和技术创新对企业绩效的影响研究［J］.科学学与科学技术管理，2014（6）：110–118.

[⑥] Su Z, Peng M W, Xie E.A Strategy Tripod Perspective on Knowledge Creation Capability［J］.British Journal of Management，2016，27（1）：58–76.

[⑦] Lumpkin G T, Dess G G.Clarifying the Entrepreneurial Orientation Construct and Linking it to Performance［J］.Academy of Management Review，1996，21：135–172.

取得好的企业绩效。① 同样,创业导向的先动性使得企业率先采取行动,进而建立先发优势。② 先发优势是企业应对各种不良竞争行为的重要手段,③ 因此先动性有助于企业应对不良竞争带来的挑战。创业导向的风险承担性使企业可以承受创新和率先行动所面临的风险,保证创新性和先动性行为的开展。④ 因此,创业导向有助于企业在不良竞争的环境中脱颖而出,使得创业导向对企业绩效的贡献作用在不良竞争环境中更加显著;而在不良竞争较弱的环境中,创业导向虽然也可以帮助企业建立和保持竞争优势,但其帮助企业脱颖而出的作用难以有效发挥,使得其对企业绩效的贡献相对较弱。因此,笔者提出:

假设2:不良竞争正向调节创业导向和企业绩效的关系。

(四)政府支持的影响作用

除了制定法律、法规等制度来规范市场中的竞争行为以外,我国政府还通过直接或间接的方式对企业提供资金、技术等多方面的支持。⑤ 因此,政府支持是另一个具有代表性的、可以反映我国制度环境特征的重要变量。⑥ 政府支持体现了政府部门和相关机构对企业提供包括支持性政策与计划、技术支

---

① Li H, Atuahene-Gima K.Product Innovation Strategy and the Performance of New Technology Ventures in China [J].Academy of Management Journal, 2001, 44(6):1123-1134.

② Keh H T, Nguyen T T M, Hwei P N.The Effects of Entrepreneurial Orientation and Marketing Information on the Performance of SMEs [J].Journal of Business Venturing, 2007, 22(4):592-611.

③ Wales W J, Gupta V K, Mousa F T.Empirical Research on Entrepreneurial Orientation:An Assessment and Suggestions for Future Research [J].International Small Business Journal, 2013, 31(4):357-383.

④ Rauch A, Wiklund J, Lumpkin G T, et al. Entrepreneurial Orientation and Business Performance:An Assessment of Past Research and Suggestions for the Future [J].Entrepreneurship Theory and Practice, 2009, 33:761-781.

⑤ Sheng S, Zhou K Z, Li J J.The Effects of Business and Political Ties on Firm Performance:Evidence from China [J].Journal of Marketing, 2011, 75(1):1-15.

⑥ Su Z, Peng M W, Xie E.A Strategy Tripod Perspective on Knowledge Creation Capability [J]. British Journal of Management, 2016, 27(1):58-76.

持、资金支持及获取设备等方面支持的力度。① 政府支持不仅可以为企业营造更优越的生存和发展环境，还可以帮助企业满足在技术、资金、设备等方面的需求，对企业有着重要的影响作用。② 现有研究也发现政府支持的重要价值。例如，Sheng等（2011）发现政府支持可以提高企业绩效；③Li和Atuahene-Cima（2001）发现政府支持有助于企业获取创新收益；④Su等（2016）发现政府支持可以帮助企业实现知识创造能力的价值；⑤ 杨东涛、苏中锋、褚庆鑫（2014）也发现政府支持和企业绩效呈正相关关系。⑥

对于创业导向与企业绩效的关系，本文认为政府支持有正向的调节作用。这主要有两方面原因：第一，政府支持所提供的支持性政策与计划可以为企业提供各种机会，⑦ 而创业导向可以帮助企业利用和把握机会。⑧ 这使得在拥有支持性政策与计划的环境中，创业导向的作用可以更好地发挥出来，使创业导向对企业绩效有更显著的贡献作用。第二，政府支持可以帮助企业获得技术、资金、设备等方面的支持，帮助企业满足创业导向在技术、资金、设备等方面的需求，更好地发挥创业导向的作用。⑨ 相反，在缺乏政府

---

① Li H, Atuahene-Gima K.Product Innovation Strategy and the Performance of New Technology Ventures in China [J].Academy of Management Journal, 2001, 44 (6): 1123-1134.

② 杨东涛，苏中锋，褚庆鑫.创业企业创新成长的政商环境影响机理研究 [J].科技进步与对策, 2014 (15): 84-88.

③ Sheng S, Zhou K Z, Li J J.The Effects of Business and Political Ties on Firm Performance: Evidence from China [J].Journal of Marketing, 2011, 75 (1): 1-15.

④ Li H, Atuahene-Gima K.Product Innovation Strategy and the Performance of New Technology Ventures in China [J].Academy of Management Journal, 2001, 44: 1123-1134.

⑤ Su Z, Peng M W, Xie E.A Strategy Tripod Perspective on Knowledge Creation Capability [J]. British Journal of Management, 2016, 27 (1): 58-76.

⑥ 杨东涛，苏中锋，褚庆鑫.创业企业创新成长的政商环境影响机理研究 [J].科技进步与对策, 2014 (15): 84-88.

⑦ Li H, Atuahene-Gima K.Product Innovation Strategy and the Performance of New Technology Ventures in China [J].Academy of Management Journal, 2001, 44: 1123-1134.

⑧ Lumpkin G T, Dess G G.Clarifying the Entrepreneurial Orientation Construct and Linking it to Performance [J].Academy of Management Review, 1996, 21: 135-172.

⑨ Su Z, Peng MW, Xie E.A Strategy Tripod Perspective on Knowledge Creation Capability [J]. British Journal of Management, 2016, 27: 58-76.

支持时，创业导向虽然对企业绩效有促进作用，但支持性政策与计划以及技术、资金、设备等方面支持的缺失会妨碍和限制创业导向作用的发挥，导致创业导向对企业绩效的贡献作用相对较弱。因此，笔者提出：

假设3：政府支持正向调节创业导向和企业绩效之间的关系。

三、实证检验

（一）数据收集

本文通过问卷调研获取数据。为避免单一地区误差，调研企业位于北京、江苏、广东、河北、河南、陕西等省市。同时，调研企业集中于制造业企业来避免制造业和服务业的差异所造成的偏差。调研团队通过当地相关政府部门和企业获取企业目录，采用随机抽样的方式选取1000家企业作为样本。随后，通过电话方式邀请企业参加调研。调研团队通过面对面调研获取企业数据。面对面调研可以现场回答问卷填写者的问题，避免问卷填写由秘书完成，保证问卷填写的完整性和有效性。开展调研前，调研团队成员接受了背景知识、访谈技巧及问卷问题确切含义的培训。为保证收集数据的准确性，每家企业由两位管理者完成相同问卷。具体调研时，调研者先说明调研目的，承诺对调研数据保密。随后，调研者要求两位管理者独立填写问卷。问卷中的每个指标均采用两位管理者回答的平均值。

调研团队自2009年10月—2010年3月对241家企业进行了调研。在剔除含有大量缺失值问卷、只有一位管理者回答的企业、两位管理者回答明显不同的企业后，获得有效企业样本212家。为检验未回答偏差（non-response bias），调研团队对参与和未参与的调研企业在基本特征方面进行比较，没有发现显著差异。212份有效问卷和29份剔除问卷在企业特征方面也不存在显著差异。调研团队还根据企业同意参与调研时间的不同将有效问卷分两组进行比较，没有发现显著差异。① 因此，本次调研不存在显著的未回答偏差。

（二）变量度量

在设计变量度量指标时，调研团队首先通过查找现有文献所采用指标来开发出问卷初稿，并通过与企业管理者讨论对初稿进行修订。随后用修订问卷对15家企业进行预调研，并根据预调研结果对问卷进一步修订。预调研的15家企业不包含在最后样本中。本文涉及变量都是程度的概念，很难通过定量数据表达，因此采用李克特5点计分法度量。

参考Covin与Slevin（1989）②和Keh等（2007）③的研究，创业导向用9个指标进行度量。根据Li与Atuahene-Gima（2001）④和Sheng等（2011）⑤的研究，不良竞争和政府支持均用4个指标度量。对于企业绩效，本文用6个指标度量。控制变量有企业年龄、规模、技术不确定、市场不确定及竞争强度。企业规模通过5点计分量表衡量员工人数测量（1=少于50人，5=多于1000人）。技术不确定、市场不确定和竞争强度均采用来自Jaworski与Kohli（1993）⑥和Zhou（2006）⑦的4个指标度量。

---

① Armstrong J S, Overton T.Estimating Non-response Bias in Mail Surveys [J] .Journal of Marketing Research，1977，14：396-402.

② Covin J G, Slevin D P.Strategic Management of Small Firms in Hostile and Benign Environments [J]. Strategic Management Journal，1989，10（1）：75-87.

③ Keh H T, Nguyen T T M, Hwei P N.The Effects of Entrepreneurial Orientation and Marketing Information on the Performance of SMEs [J] .Journal of Business Venturing，2007，22（4）：592-611.

④ Li H, Atuahene-Gima K.Product Innovation Strategy and the Performance of New Technology Ventures in China [J] .Academy of Management Journal，2001，44（6）：1123-1134.

⑤ Sheng S, Zhou K Z, Li J J.The Effects of Business and Political Ties on Firm Performance: Evidence from China [J] .Journal of Marketing，2011，75（1）：1-15.

⑥ Jaworski B J, Kohli A K.Market Orientation: Antecedents and Consequences [J] .Journal of Marketing，1993，57：53-70.

⑦ Zhou K Z.Innovation, Imitation, and New Product Performance: The Case of China [J] . Industrial Marketing Management，2006，35（3）：394-402.

(三) 信度效度检验

信度反映了度量指标的内部一致性，常用 Alpha 系数和复合信度（CR）验证，其中 Alpha 和 CR 值超过 0.7 就证明有效。① 如表 1 所示，所有变量的 Alpha 和 CR 值都超过 0.7，表明通过了信度检验。聚敛效度通过平均方差萃取值（AVE）和指标的因子负载（Factor loading）检验，当 AVE 大于 0.5、因子负载大于 0.7 时，认为度量指标有聚敛效度。② 表 1 表明所有变量的 AVE 值都大于 0.5，仅技术不确定一项的第三个指标的因子负载小于 0.7（0.686），因此度量指标有很好的聚敛效度。区别效度通过将非限制模型与将变量间相关系数设为 1 的限制模型进行比较和验证，③ 如果非限制模型与限制模型间的卡方值存在显著差异，认为变量具有区别效度。本文各组变量的限制模型与非限制模型的卡方值存在显著差异。

表 1　变量度量指标及信效度检验

变量与度量指标	载荷
创业导向（Alpha=0.920，CR=0.921，AVE=0.564）	
1.强调通过内部研发和创新成为技术领先的企业	0.789
2.经常会对产品和服务做很大的调整	0.734
3.强调采用新的、非传统的方法解决问题	0.792
4.即使有风险，也鼓励开发和实施新的市场策略	0.800
5.将市场变化看成是一种机会而不是威胁	0.740
6.更青睐高风险、高回报的项目	0.744
7.往往在市场上率先发起行动，而不是被动的反应	0.787
8.往往率先生产新产品、采用新技术和提供新服务	0.850
9.坚信大胆的、非常规的行动是实现目标的最佳方式	0.798

---

① Fornell C, Larcker D F.Evaluating Structural Equation Models with Unobservable Variables and Measurement Error [J].Journal of Marketing Research, 1981, 18 (1): 39–50.

② Fornell C, Larcker D F.Evaluating Structural Equation Models with Unobservable Variables and Measurement Error [J].Journal of Marketing Research, 1981, 18 (1): 39–50.

③ Anderson J C, Gerbing D W.Structural Equation Modeling in Practice: A Review of Recommended Two-step Approach [J].Psychological Bulletin, 1988, 103 (3): 411–423.

续表

变量与度量指标	载荷
不良竞争（Alpha=0.870，CR=0.871，AVE=0.629）	
1.行业内不合法的竞争状况很多	0.845
2.对企业产品和商标等的伪造行为很多	0.819
3.关于行业内竞争的法律法规不完善	0.870
4.行业内其他企业的不公平竞争现象很多	0.861
政府支持（Alpha=0.903，CR=0.904，AVE=0.703）	
1.政府机构实施了对公司有利的政策和规划	0.840
2.政府机构为公司提供了技术信息以及技术支持	0.897
3.政府机构为公司提供了非常有力的经济支持	0.885
4.政府机构帮助公司取得了技术、设备等	0.901
企业绩效（Alpha=0.930，CR=0.930，AVE=0.691）	
1.销售的增长	0.830
2.利润的增长	0.887
3.市场份额的增长	0.807
4.资产回报率	0.909
5.投资回报率	0.891
6.销售回报率	0.848
技术不确定（Alpha=0.762，CR=0.796，AVE=0.503）	
1.行业中技术方面的变革和发展非常迅速	0.854
2.行业中经常有技术和工艺由于科技发展而被淘汰	0.852
3.很难预测行业内未来2~3年的技术变化	0.686
4.技术变化给行业带来了大量机会	0.761
市场不确定（Alpha=0.825，CR=0.828，AVE=0.552）	
1.很难预测市场需求的变化	0.797
2.很难预测顾客偏好的变化	0.869
3.产品和服务的需求每周都会变化	0.849
4.新消费者的需求与现有消费者的需求明显不同	0.722
竞争强度（Alpha=0.833，CR=0.836，AVE=0.561）	
1.行业中价格战非常频繁	0.794
2.行业中企业会很快对其他企业的行为作出反应	0.794
3.行业中新的竞争行为层出不穷	0.852
4.面临的市场竞争非常激烈	0.830

如果因子分析只提取到一个因子或一个因子解释了变量大部分方差,就存在一般方法误差(common method bias)。[①] 本文对创业导向、不良竞争、政府支持、技术不确定、市场不确定和竞争强度进行主成分分析,发现一般方法误差在本研究中不存在。

四、分析结果

本文变量的描述性统计见表2。

表 2　变量描述性统计

变量	1	2	3	4	5	6	7	8	9
1.企业年龄	1								
2.企业规模	0.360**	1							
3.技术不确定	0.037	0.018	1						
4.需求不确定	−0.044	−0.112	0.428**	1					
5.竞争强度	0.057	−0.008	0.509**	0.340**	1				
6.创业导向	−0.014	−0.003	0.520**	0.260**	0.440**	1			
7.不良竞争	−0.053	−0.158*	0.370**	0.587**	0.299**	0.177**	1		
8.政府支持	0.032	−0.033	0.258**	0.170*	0.238**	0.456**	0.087	1	
9.企业绩效	0.138*	0.198**	0.086	0.089	0.066	0.083	0.079	0.039	1
均值	10.15	1.49	3.30	3.02	3.70	3.32	3.00	3.06	2.26
标准差	12.04	0.91	0.74	0.85	0.71	0.76	0.91	0.92	0.74

注:*显著度:5%;**显著度:1%

本文用回归分析方法分3步验证所提出的假设。首先,将所有的控制变量加入回归模型(模型1);其次,检验自变量(创业导向)对企业绩效的影响(模型2);最后,将调节变量(不良竞争和政府支持)及调节变量和自变

[①] Podsakoff P M, MacKenzie S B, Lee J Y.Common Method Biases in Behavioral Research: A Critical Review of the Literature and Recommended Remedies [J] .Journal of Applied Psychology, 2003, 88(5):879–903.

量的交互项加入回归模型（模型3），分析调节作用。对不同回归步骤间 R^2 的变化，本文的F检验发现增加相关变量后的模型更好。需要说明的是，为了避免回归分析的多重共线性问题，本文对相关变量进行了均值中心化处理。[①]具体分析结果见表3。

表3 分析结果

变量	模型1	模型2	模型3
企业年龄	0.226***	0.200***	0.183***
企业规模	0.300***	0.266***	0.288***
技术不确定	0.145*	−0.149*	0.235**
需求不确定	0.084	−0.132*	−0.267***
竞争强度	0.036	0.156**	0.128*
创业导向		0.193***	0.190**
不良竞争		−0.228***	−0.254***
政府支持		0.114*	0.053
创业导向×不良竞争			0.149**
创业导向×政府支持			0.131**
R^2	0.215	0.259	0.293
F值	6.164***	3.164***	3.563***
R^2的变化	−	0.044	0.034
R^2变化的F检验	−	4.038**	4.857**

注：* 显著度：5%，** 显著度：1%，*** 显著度：1‰

模型2表明创业导向和企业绩效呈正相关关系（β=0.193，p<0.001），支持了假设1。该模型还发现不良竞争对企业绩效有负向的影响作用（β=−0.228，p<0.001），而政府支持的影响作用为正（β=0.114，p<0.05）。假设2认为不良竞争正向调节创业导向与企业绩效之间的关系，得到了模型3的支持（β=0.149，p<0.01）。假设3认为政府支持正向调节创业导向与企业绩效

[①] Aiken L S，West S G.Multiple Regression：Testing and Interpreting Interactions［M］. Newbury Park，CA：Sage Publications，1991.

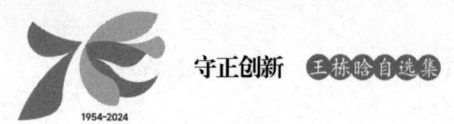

的关系,也得到了模型3的支持($\beta=0.131$,$p<0.01$)。

五、讨论

(一)理论贡献

本文研究主要有两方面的理论贡献。第一,本文研究丰富了对创业导向与企业绩效关系的认识。创业导向是创业管理理论研究中的一个核心概念,分析影响创业导向与企业绩效关系的调节变量也是研究的热点,然而现有研究没有分析制度要素的调节作用。本文研究发现,不良竞争和政府支持这两个制度要素对创业导向与企业绩效关系都有正向的调节作用。因此,分析创业导向对企业绩效的影响作用必须结合企业所面临的制度环境,如果忽略了制度要素的边界作用并不能有效地认识创业导向对企业绩效的影响作用。第二,本文研究对制度创业的观点提供了实证支持。虽然制度创业的观点得到了越来越多的关注,但针对制度创业的观点进行的实证研究有限,使得该观点缺乏具体实证研究的支持。本文发现不良竞争和政府支持对创业导向与企业绩效之间的关系有显著的调节作用,这不仅支持了制度创业的观点所强调的制度要素会影响企业家精神的价值,而且表明企业可以发挥企业家精神来利用和克服制度环境所带来的机会与挑战。因此,本文为制度创业的观点提供了实证支持。

(二)实践价值

本文研究有如下三方面的实践价值。第一,创业导向和企业绩效呈正相关关系,因此企业应发挥其创业导向作用,进而提升企业绩效。第二,虽然不良竞争对企业绩效有不利的影响,但创业导向可以帮助企业应对不良竞争带来的挑战。因此,在面对不良竞争时企业应积极发挥创业导向作用,并通过开展创新性及先动性行动进行应对。第三,政府支持不仅可以提升企业绩效,还正向调节创业导向与企业绩效之间的关系。因此,企业应当积极争取政府支持,尤其是在发挥和利用创业导向的作用时,从而更好地实现创业导向对企业绩效的推动作用。

（三）局限性与未来方向

本文用横截面数据进行假设检验，无法发现创业导向和企业绩效间的演化关系，这是本文研究的不足之处。未来的研究可以用纵向数据进一步分析二者的演化关系。此外，本文变量全部使用主观指标进行度量，尽管这些指标在问卷调查研究中是有效的和普遍接受的，但加入一些客观指标会更具有说服力。

对于未来的研究，本文有如下建议：第一，除了不良竞争和政府支持以外，其他制度要素也可以调节创业导向与企业绩效之间的关系，在未来研究中需要重点关注；第二，制度创业的观点认为制度要素和企业家精神紧密联系与相互影响，后续研究可以依据制度创业的观点更全面地分析创业导向、不良竞争以及政府支持之间的联系，如分析不良竞争和政府支持对创业导向的影响作用。

六、结论

现有对创业导向与企业绩效关系的研究有着不一致的结论，而对相关调节变量研究并没分析制度要素的影响作用。基于制度创业的观点，本文分析了不良竞争和政府支持这两个制度要素对创业导向与企业绩效关系的调节作用，发现二者都有正向的调节作用。本研究丰富了对创业导向与企业绩效关系的认识，也为制度创业的观点提供了实证支持。同时，本文结论可以指导企业针对所面临的制度环境更好地利用创业导向来提高企业绩效，具有一定的实践价值。

转型背景下企业外部关系网络、战略导向对战略变化速度的影响研究*

高度动态性是中国市场环境的突出特征。伴随着经济全球化背景下的经济开放和经济转型带来的制度变革,战略变化成为企业战略管理实践中关注的突出问题和国内外学者关注的热点问题。然而,以往研究发现战略变化并不一定会提高企业绩效。动态适应观点认为战略变化促进了企业绩效[1][2],有些学者根据冲突观点发现战略变化削弱企业绩效[3],而有些研究根据自然选择理论发现战略变化与企业绩效之间没有必然联系[4]。最新的研究认为,战略变化与企业绩效之间存在非线性关系[5]。总体来看,之所以产生

---

* 本文原载于《南开管理评论》2011年第6期,与魏泽龙、沈灏合作,收入本书时有改动。

[1] Haveman H A.Between a rock and a hard place: Organizational change and performance under conditions of fundamental environmental transformation [J].Administrative Science Quarterly, 1992: 48-75.

[2] Zajac E, Kraatz M S.A diametric forces model of strategic change: Assessing the antecedents and consequences of restructuring in the higher education industry [J].Strategic Management Journal, 1993, 14 (S1): 83-102.

[3] Singh J V, Robert J.House, and David J.Tucker. "Organizational change and organizational mortality." [J].Administrative Science Quarterly, 1986, 31 (4): 587-611.

[4] Kelly D, Amburgey T L.Organizational inertia and momentum: A dynamic model of strategic change [J].Academy of Management Journal, 1991, 34 (3): 591-612.

[5] Zhang Y, Rajagopalan N.Once an outsider, always an outsider?CEO origin, strategic change, and firm performance [J].Strategic Management Journal, 2010, 31 (3): 334-346.

这种冲突,其原因可能在于以往研究仅关注了战略变化与否及变化的内容,而对战略变化的过程特征关注不够。在转型时期,在政策、需求、竞争、技术及国际化等多个动态多变要素的共同作用下,环境的快速变化成为转型特征的典型特征。很多企业战略变化之所以未能提高企业绩效,不是因为没有恰当地设计新的战略,而恰恰是战略变化的速度太慢[1]。因此,对转型时期的中国企业而言,战略变化速度成为商界和学界关心的重要问题。Capron 和 Mitchell[2] 指出,能否弥补资源和能力缺口是战略变化能否成功的关键。然而,相对于发达国家的企业,中国企业往往缺乏战略转型所需要的资源,导致在创新转型、海外市场探索等战略转变过程中速度过慢而错失机会[3]。

资源对战略变化的影响是战略管理的重要问题。Sirmon 等学者提出的动态资源管理理论认为,企业可以通过内部积累和外部获取两种渠道获取资源[4]。Kraatz 和 Zaja[5] 分析了内部资源积累的四种作用,即学习障碍、缓冲环境冲击、目标承诺效应和润滑剂。Zhou、Tse 和 Li[6] 发现,市场导向、管理者态度等内部资源和能力对战略变化有促进作用。Wu、Wei 和 Liang 分析了

---

[1] Zhou K Z, Tse D K, Li J J.Organizational changes in emerging economies: Drivers and consequences [J].Journal of International Business Studies, 2006, 37: 248-263.

[2] Capron L, Mitchell W.Selection capability: How capability gaps and internal social frictions affect internal and external strategic renewal [J].Operations Research, 2009, 20 (2): 294-312.

[3] Zhou K Z, Tse D K, Li J J.Organizational changes in emerging economies: Drivers and consequences [J].Journal of International Business Studies, 2006, 37: 248-263.

[4] Sirmon D G, Hitt M A, Ireland R D.Managing firm resources in dynamic environments to create value: Looking inside the black box [J].Academy of Management Review, 2007, 32 (1): 273-292.

[5] Kraatz M S, Zajac E J.How organizational resources affect strategic change and performance in turbulent environments: Theory and evidence [J].Organization Science, 2001, 12 (5): 632-657.

[6] Zhou K Z, Tse D K, Li J J.Organizational changes in emerging economies: Drivers and consequences [J].Journal of International Business Studies, 2006, 37: 248-263.

高层管理团队的人口统计学差异对战略变化的影响[1]。尽管这些研究拓展了人们对于资源与战略变化的影响的认识,但是仍然存在两点不足:第一,这些研究仍然局限于战略变化的内容或者战略变化与否,对战略变化的速度特征没有分析;而转型时期的中国企业,不仅需要战略变化更需要加快战略变化的速度。第二,这些研究对资源的分析仍然局限于内部资源,而内部资源缺乏恰是转型经济背景下中国企业的典型特征。最早关注转型的战略学者Peng和Heath就指出,面对经济转型,中国企业缺少用于市场竞争的内部资源[2]。Mathews[3]、Luo和Tung[4]等也指出,强调内部资源的资源观点难以解释中国企业的战略变化。由于缺少内部资源积累,中国企业更加关注外部资源的获取。因此,以往研究很难为中国企业战略变化实践提供指导。根据制度理论,制度转型中的中国,其资源更多地嵌入外部关系网络中。基本制度转型带来的正式制度不完善导致外部关系网络代替了资源配置制度,成为企业获取资源的重要通道[5][6][7]。Peng和Heath[8]指出,外部网络作为正式制度的补充,能够

---

[1] Wu Y, Wei Z, Liang Q.Top management team diversity and strategic change: The moderating effects of pay imparity and organization slack [J].Journal of Organizational Change Management, 2011, 24 (3): 267-281.

[2] Peng M W, Heath P S.The growth of the firm in planned economies in transition: Institutions, organizations, and strategic choice [J].Academy of Management Review, 1996, 21 (2): 492-528.

[3] Mathews J A.Competitive advantages of the latecomer firm: A resource-based account of industrial catch-up strategies [J].Asia Pacific Journal of management, 2002, 19: 467-488.

[4] Luo Y, Tung R L.International expansion of emerging market enterprises: A springboard perspective [J].Journal of International Business Studies, 2007, 38: 481-498.

[5] Luo Y, Tung R L.International expansion of emerging market enterprises: A springboard perspective [J].Journal of International Business Studies, 2007, 38: 481-498.

[6] Peng M W, Luo Y.Managerial ties and firm performance in a transition economy: The nature of a micro-macro link [J].Academy of Management Journal, 2000, 43 (3): 486-501.

[7] Li H, Zhang Y.The role of managers'political networking and functional experience in new venture performance: Evidence from China's transition economy [J].Strategic Management Journal, 2007, 28 (8): 791-804.

[8] Peng M W, Heath P S.The growth of the firm in planned economies in transition: Institutions, organizations, and strategic choice [J].Academy of Management Review, 1996, 21 (2): 492-528.

显著降低交易成本，是正式制度不完善情境下资源流动的媒介。Peng 和 Luo[①]基于中国数据的实证研究表明，由商业关系和政治关系组成的网络是转型经济背景下企业获取资源与利用资源的通道，是企业战略的基础和竞争优势的重要来源。Li 和 Zhang[②] 发现，外部网络能够有效地降低恶性竞争和专利制度不完善带来的负面影响，弥补正式制度的不足。因此，外部网络是转型经济背景下战略变化研究中不可忽视的重要变量。战略的调整意味着外部网络的重建、变更以及更新。外部关系网络作为资源配置的重要通道，对战略变化产生了深刻影响。Kraatz 提出，研究战略变化除了需要分析内部资源以外，更需要分析企业间网络的作用[③]。Tenkasi 和 Chesmorce 发现，战略变化的执行和应用受到组织内部业务经理关系强度的影响[④]。Agndal 和 Chetty 认为，国际化战略变化受到既定关系的直接影响[⑤]。Dittrich 和 Geert 通过对诺基亚研发网络的案例研究发现，外部网络提高了战略变化的柔性、速度和能力[⑥]。然而，这些研究主要来自发达国家，着重从嵌入角度分析企业网络关系对战略变化的影响，未能揭示关系网络对战略变化速度的影响机制；更重要的是，当前的研究忽略了外部网络发挥作用的条件和不同企业在利用外部网络方面的差异。对于中国企业而言，尽管构建外部网络的实践普遍存在，但企业战略变

---

① Luo Y, Tung R L.International expansion of emerging market enterprises: A springboard perspective [J].Journal of International Business Studies, 2007, 38: 481–498.

② Li H, Zhang Y.The role of managers'political networking and functional experience in new venture performance: Evidence from China's transition economy [J].Strategic Management Journal, 2007, 28 (8): 791–804.

③ Kraatz M S.Learning by association?Interorganizational networks and adaptation to environmental change [J].Academy of Management Journal, 1998, 41 (6): 621–643.

④ Tenkasi R V, Chesmore M C.Social networks and planned organizational change: The impact of strong network ties on effective change implementation and use [J].The Journal of Applied Behavioral Science, 2003, 39 (3): 281–300.

⑤ Agndal, H, Chetty, K.S .The Impact of Relationships on Changes in Internationalization Strategies of SMEs [J].European Journal of Marketing, 2007, 41 (11/12): 1449–1474.

⑥ Dittrich K, Duysters G.Networking as a means to strategy change: the case of open innovation in mobile telephony [J].Journal of Product Innovation Management, 2007, 24 (6): 510–521.

化速度的结果差异较大。这说明外部网络发挥作用需要条件。Peng[①]就提出，外部网络的作用可能随着转型阶段的变化而变化。Luo[②]也指出，外部网络对绩效的作用受到外部环境的影响。然而，当前研究对外部网络影响战略变化速度的权变因素仍然缺乏研究。

因此，根据中国企业战略管理中面临的突出问题和当前战略变化研究的局限性，本研究根据社会网络理论和动态能力理论，分析关系范围和关系强度对战略变化速度的影响，并进一步分析不同战略导向的企业在利用外部网络推动战略变化方面的差异，从而弥补了以往对外部网络在战略变化过程中的作用缺乏研究的不足，并通过探讨如何发挥这种作用，拓展了社会网络理论。

一、理论回顾与概念模型

以往对战略变化的研究主要分为过程派和内容派。早期内容学派的学者主要从种群生态理论、演化理论视角解释战略变化的动力机制。然而，他们局限于对战略变化动因的分析，而无法解释同样战略变化产生的绩效差异[③]。很多学者发现战略变化对财务绩效并没有直接影响，最新的研究也发现战略变化与财务绩效之间存在非线性关系。因此，更多学者开始关注战略变化过程，从高层管理团队、组织学习、组织惯性等多个角度探索新战略制定和执行的过程特征。研究认为，战略变化之所以未能带来绩效，关键是过程管理的缺乏。更多的学者开始关注战略变化速度与幅度等过程特征。新的战略总是由于组织抵制、资源缺乏、惯性阻力等而被延迟。从资源角度看，资源基础理论认为，战略变化实质上是资源基础的重新组合与重构过程，资源获取

---

① Peng M W, Zhou J Q.How network strategies and institutional transitions evolve in Asia［J］.Asia Pacific Journal of Management，2005，22：321-336.

② Luo Y.Structuring interorganizational cooperation：The role of economic integration in strategic alliances［J］.Strategic Management Journal，2008，29（6）：617-637.

③ Rajagopalan N, Spreitzer G M.Toward a theory of strategic change：A multi-lens perspective and integrative framework［J］.Academy of Management Review，1997，22（1）：48-79.

是战略变化过程能否顺利的关键。Kraatz和Zaja研究发现，与既有战略绑定的资源往往带来学习障碍，使企业难以及时开发有利于战略转型的资源组合。然而，尽管这一研究拓展了基于资源角度的战略变化研究，但是该研究对中国转型背景下的战略变化意义有限，其主要关注内部既有资源的作用，而中国企业的内部资源相对匮乏，更多的资源需要从外部获取。

转型背景下，中国企业的战略变化所需资源往往嵌入外部网络中。制度转型是中国企业正在经历的最深刻的环境变化。制度作为资源配置的指挥棒，对企业的战略行为产生深刻影响。制度转型中，资源分配机制从计划配置向市场配置转变。然而，计划经济制度被削弱的同时，市场制度尚不健全，关系作为非正式制度代替正式制度成为资源配置的渠道。因此，与发达国家不同，转型环境呈现出高度的关系嵌入性，资源嵌入在由供应商、顾客、政府、银行等紧密利益相关者构成的网络之中[①②③④]。转型背景下，战略变化所需技术、信息、资源、机会等各种资源通过网络流通和配置。因此，企业外部网络对战略变化产生重要影响。对中国企业而言，利用外部关系已经成为社会共识，然而中国企业在构建和利用关系方面有较大差异。

社会网络理论认为，除了关系以外，网络的结构特征更加重要，范围和强度不同的关系网络需要不同的组织能力与之匹配。网络范围是指外部关系网络涵盖不同关系主体的广泛性。强度是指网络的紧密程度，以往研究往往用信任程度来反映。社会网络理论认为，范围和强度会通过不同的机制对企业战略行为产生影响。范围代表了企业与不同资源的联系程度，代表了可获

---

① Luo Y, Tung R L.International expansion of emerging market enterprises: A springboard perspective [J].Journal of International Business Studies, 2007, 38: 481-498.

② Peng M W, Luo Y.Managerial ties and firm performance in a transition economy: The nature of a micro-macro link [J].Academy of Management Journal, 2000, 43 (3): 486-501.

③ Li H, Zhang Y.The role of managers'political networking and functional experience in new venture performance: Evidence from China's transition economy [J].Strategic Management Journal, 2007, 28 (8): 791-804.

④ Dyer J H, Singh H.The relational view: Cooperative strategy and sources of interorganizational competitive advantage [J].Academy of Management Review, 1998, 23 (4): 660-679.

取资源的差异性。强度代表了网络的紧密程度与资源的重要性、交易成本、机会主义等直接相关①。因此，网络范围和网络强度对资源更新过程产生深刻影响，从而影响战略变化速度。

尽管以往研究都注意到关系网络对企业的重要性，然而现有理论无法解释普遍嵌入网络的中国企业在战略变化速度方面的差异。动态能力理论指出，资源的利用程度、利用方式和利用结果决定于动态能力。关系网络作为重要的资源渠道，其发挥作用的方式受到更高层次的动态能力的影响。企业家导向和市场导向是以往战略研究中分析较多的两种不同的能力。尽管不同学者对两种导向的理解不同，但仍有越来越多的学者将两种导向视为企业的能力。企业家导向是企业通过引导创新性、前瞻性和风险承担性的活动开发新机会的能力，而市场导向是企业通过比竞争对手更好地满足顾客需求从而获利的能力②③。企业家导向往往更加强调未来的机会，而市场导向更强调对现有顾客需求的满足。两种不同导向通过引导资源的开发方式对关系资源的利用产生深刻影响。因此，两种战略导向对网络范围与网络强度以及战略变化速度的关系存在调节作用。根据以上理论分析，研究构建了如图1所示的理论模型。

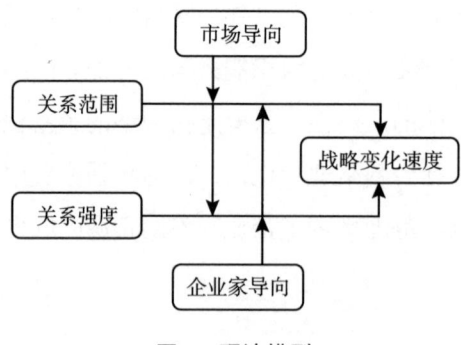

图1　理论模型

---

① Gnyawali D R, Madhavan R.Cooperative networks and competitive dynamics: A structural embeddedness perspective [J].Academy of Management Review, 2001, 26 (3): 431-445.

② Bhuian S N, Menguc B, Bell S J.Just entrepreneurial enough: the moderating effect of entrepreneurship on the relationship between market orientation and performance [J].Journal of Business Research, 2005, 58 (1): 9-17.

③ Luo Y.Structuring interorganizational cooperation: The role of economic integration in strategic alliances [J].Strategic Management Journal, 2008, 29 (6): 617-637.

（一）关系范围与战略变化速度

关系范围代表了企业与外界联系的差异性。在战略变化过程中，能否获取战略变化所需要的资源是决定能否快速制定和执行战略的重要因素。在中国转型背景下，外部资源的获取往往需要借助关系[1]。更重要的是，与发达国家相比，除了市场主体以外，政府在社会资源配置中发挥重要作用。因此，除了顾客、供应商、银行之外，政府往往控制着行业资源、政策资源、公共资源等，对战略选择的范围、方式和结果产生深刻影响[2]。中国企业在战略经营过程中所需要的不同类型的资源往往同时被市场主体和非市场主体控制与掌握。因此，战略变化过程中能否获取新的资源取决于企业能否建立足够广泛的关系。当外部关系范围较小时，企业往往因难以获取战略变化所需要的所有资源而产生"短板效应"。例如，许多中小企业在战略变化过程中因缺少政府或银行的支持而无法获取新的资源，从而延误战略变化时机。随着外部关系范围的扩大，企业相对来说更容易获取不同类型的新资源，为战略变化提供支持。因此，我们提出：

假设1：关系范围与战略变化速度呈正相关关系。

（二）关系强度与战略变化速度

网络理论认为，关系强度能够通过降低交易成本，提高可获取资源的程度、加快资源的转移速度。一方面，制度转型背景下，由于正式制度薄弱，资源获取的交易治理机制更加依赖非正式的契约。关系强度作为重要的治理机制能够大大降低资源获取过程中的契约成本和监督成本，加快企业获取新资源的速度[3]。另

---

[1] Gnyawali D R, Madhavan R.Cooperative networks and competitive dynamics: A structural embeddedness perspective [J].Academy of Management Review, 2001, 26（3）: 431-445.

[2] Peng M W, Zhou J Q.How network strategies and institutional transitions evolve in Asia [J]. Asia Pacific Journal of Management, 2005, 22: 321-336.

[3] Bhuian S N, Menguc B, Bell S J.Just entrepreneurial enough: the moderating effect of entrepreneurship on the relationship between market orientation and performance [J].Journal of Business Research, 2005, 58（1）: 9-17.

一方面，差序格局的关系特征表明，关系越亲密越会共享更多、更重要的资源。随着关系强度的增加，企业更容易通过外部关系获取更多的、更关键的资源[①]，从而加快战略变化的速度。

以往研究也表明，过高的关系强度存在负面效应，会带来惯性或强关系陷阱[②③]。强关系观点认为，强关系双方的认识模式趋同，双方存在大量的资源重叠。相对弱关系而言，尽管关系强度有利于提高资源转移效率，但是由于资源重叠过多，过于紧密的关系并不能够为战略变化提供新的信息和驱动要素。关系强度较强的网络将网络外的新信息屏蔽，延迟企业发现新市场、新技术和新机会的速度，使企业视野限制在现有顾客和现有市场上，进而延迟战略变化速度。另外，战略的重新定位往往需要关系网络的重新构建或更新。此时，过于紧密的网络往往成为战略改革道路上的障碍，越是亲密的关系越是难以剥离或重构，从而延迟战略变化速度。因此，关系强度过强时，其正面效应逐渐削弱而负面效应逐渐增强。因此，我们提出：

假设 2：关系强度与战略变化速度呈倒 U 形关系。

（三）企业家导向的调节作用

企业家导向是引导创新性、前瞻性和风险承担性的管理过程[④]。该过程引导企业应用现有资源鼓励企业创新，发现新机会和敢于承担风险。因此，企业家导向是决定和引导企业资源利用过程的一种动态能力。Lumpkin 和 Dess[⑤]

[①] Luo Y.Structuring interorganizational cooperation: The role of economic integration in strategic alliances [J] .Strategic Management Journal, 2008, 29 (6): 617–637.

[②] Granovettfr, M S.Strength of Weak Ties [J] .American Journal of Sociology, 1973, 78 (6): 1360–1380.

[③] Uzzi B.Social structure and competition in interfirm networks: The paradox of embeddedness [M] // The sociology of economic life. London, New York: Routledge, 2018: 213–241.

[④] Peng M W, Zhou J Q.How network strategies and institutional transitions evolve in Asia [J] . Asia Pacific Journal of Management, 2005, 22: 321–336.

[⑤] Lumpkin G T, Dess G G.Clarifying the entrepreneurial orientation construct and linking it to performance [J] .Academy of Management Review, 1996, 21 (1): 135–172.

指出，企业家导向能够提高企业整合资源的能力。信息处理理论认为，企业家导向为企业提供了信息过滤功能，企业家导向关注创新、新机会和新技术[①]。关系资源作为资源转移的通道和信息的重要来源，其开发和利用同样受到企业家导向的深刻影响。

关系范围之所以促进战略变化速度，是因为其能够为企业提供战略变化需要的新信息和新资源。当企业家导向水平较低时，企业倾向于保守，对新技术、新需求、新机会的关注程度不够。尽管多元化的关系网络为企业搭建了获取新资源、新技术和新信息的通道，这些潜力却难以得到充分地挖掘和利用，从而很难为企业的战略变化提供有力支撑。随着企业家导向的提高，嵌入多元化网络中的新资源、技术和信息得到充分利用。此时，企业能快速整合和利用这些资源来推动战略变化进程。因此，企业家导向促进了关系范围对战略变化速度的推动作用。因此，我们提出：

假设3：企业家导向加强关系范围与战略变化速度之间呈正相关关系。

关系强度的提高能够降低交易成本、加快资源转移的速度，从而加快战略变化速度。然而，嵌入强关系网络中的资源往往与企业的资源重叠程度较高，而惯性力量使企业难以跳出强关系网络的视野，从而难以获得除网络之外的新技术和新信息[②]。然而，企业家导向能够削弱强关系对战略变化速度的负面影响。当企业家导向水平提高时，企业更关注新机会、更愿意冒险开展创新性强的活动。因此，企业的视野更容易从强关系网络中脱离出来，帮助企业利用现有网络搜索新的资源和技术来推动战略变化。另外，尽管强关系带来的资源具有较大重叠，企业家导向能够帮助企业对这些资源进行重新整

[①] Bhuian S N, Menguc B, Bell S J.Just entrepreneurial enough：the moderating effect of entrepreneurship on the relationship between market orientation and performance［J］.Journal of Business Research，2005，58（1）：9–17.

[②] Stam W, Elfring T.Entrepreneurial orientation and new venture performance：The moderating role of intra–and extraindustry social capital［J］.Academy of Management Journal，2008，51（1）：97–111.

合，通过重新组合资源来构建新的资源基础，从而为新的战略提供支撑[①]。因此，我们提出：

假设 4：企业家导向既削弱了关系强度对战略变化速度的正向影响，又削弱了关系强度对战略变化的负向影响。

（四）市场导向的调节作用

与企业家导向不同，市场导向的企业更倾向于通过满足现有的市场需求来获取竞争优势。通过一切以顾客为中心的组织设计，市场导向成为企业开发利用现有资源为顾客服务的资源整合体系，能够帮助企业过滤信息并整合资源[②③]。因此，市场导向对关系网络的开发利用过程也有深刻影响。一方面，在关系范围方面，多元化的关系网络既包括市场主体和非市场主体，其中嵌入了多样性较强的资源和信息。然而，市场导向的企业往往关注与需求密切相关的资源，关注现有的市场需求和竞争情况。有研究表明，尽管市场导向能够帮助企业整合资源，但是这些资源整合往往是应用性的而非探索性的[④⑤]。市场导向的企业往往处于应用陷阱中，执着地关注现有的顾客需求而忽视对未来新机会的把握。倾向于通过价格竞争和市场竞争来提高竞争优势，忽视对未来新技术的开发。因此，市场导向越强的企业，越可能限制多元的非市场资源的应用，从而限制多元化资源对战略变化速度

---

① Peng M W, Zhou J Q.How network strategies and institutional transitions evolve in Asia［J］.Asia Pacific Journal of Management，2005，22：321–336.

② Atuahene-Gima K, Ko A.An empirical investigation of the effect of market orientation and entrepreneurship orientation alignment on product innovation［J］.Organization Science，2001，12（1）：54–74.

③ Narver J C, Slater S F.The effect of a market orientation on business profitability［J］.Journal of Marketing，1990，54（4）：20–35.

④ Jaworski B J, Kohli A.Market Orientation：Antecedents and Consequences［J］.Journal of Marketing，1993，57（11/12）：53–70.

⑤ Kohli A K, Jaworski B J.Market orientation：the construct, research propositions, and managerial implications［J］.Journal of Marketing，1990，54（2）：1–18.

的积极作用。另一方面,市场导向会加强强关系陷阱[①]。市场导向的企业往往强调通过价格竞争、产品功能改进、质量提高和市场定位来获取竞争优势,更加强调通过现有资源的充分利用来提高效率。为了提高资源的利用效率,企业更倾向于利用相似的资源。强关系提供的资源不仅相似,而且关系强度的提高加快了资源转移的效率。因此,市场导向的企业往往更加关注强关系带来的相似资源。

不过,这些资源对新战略的支撑能力有限。过多地依赖强关系会进一步加强强关系带来的惯性,从而加强了强关系的负面效应。因此,我们提出:

假设5:市场导向削弱关系范围对战略变化速度的正向影响。

假设6:市场导向既加强关系强度对战略变化速度的正向影响,又加强关系强度对战略变化的负向影响。

二、研究过程

(一)数据来源

为检验上述假设,笔者通过问卷调研的方法收集了涵盖中西部(陕西)、渤海湾(山东)、珠三角(江苏、浙江)和长三角(广东)的198份问卷。首先,根据各省名册随机抽取750家企业进行问卷调查。为了提高回收率,笔者在调研之前对各个企业通过电话、邮件等方式发出了邀请,384企业同意参加,最终收回有效问卷198份,问卷有效回收率为51.6%。调研对象主要是企业高管,保证回答信息的准确性。为了检测未回收偏差,研究对未回收的186家企业的规模、年龄与198家有效回收企业的规模、年龄进行比较,T检验结果显示两类企业在基本特征上没有显著差异。说明未回收偏差不会对抽样有效性产生威胁。

[①] Atuahene-Gima K, Ko A. An empirical investigation of the effect of market orientation and entrepreneurship orientation alignment on product innovation [J]. Organization Science, 2001, 12(1): 54-74.

（二）变量测量

1. 关系范围和关系强度

Nahapiet 和 Ghoshal[①]、Gulati[②]、Acquaah[③] 的研究认为，关系范围和关系强度是描述关系网络的两个重要特征[④⑤⑥]。根据他们的研究，采用四个指标测量企业与政府、银行、供应商和主要顾客是否建立关系，用另外四个指标测量这些关系的强度。

2. 市场导向和企业家导向

对于市场导向的测量有三个著名的问卷，由 Narver 和 Slater，Deshpande、Farley 和 Webster 以及 Kohli、Jaworski 和 Kumar 分别设计。1998 年，Deshpand 在对三类问卷的信度、效度、相关性、一般性等进行分析的基础上开发了更为准确和简洁的十个测量指标，本研究采用这十个指标测量市场导向[⑦]。通过因子分析发现，一个指标 loading 值在 0.4 以下，因此我们把该指标删除，利用九个指标测量市场导向。对于企业家导向，本研究沿用 Covin 和 Slevin 开发的经典问卷[⑧]，各采用两个指标测量创新性、冒险性和前瞻性三个维度。

---

① Nahapiet J，Ghoshal S.Social capital, intellectual capital, and the organizational advantage［J］. Academy of Management Review，1998，23（2）：242–266.

② Gulati R，Nohria N Zaheer A.Strategic Networks［J］.Strategic Management Journal，2000，21（3）：203–215.

③ Acquaah M.Managerial social capital, strategic orientation, and organizational performance in an emerging economy［J］.Strategic Management Journal，2007，28（12）：1235–1255.

④ Luo Y.Structuring interorganizational cooperation：The role of economic integration in strategic alliances［J］.Strategic Management Journal，2008，29（6）：617–637.

⑤ Granovetter M S.Strength of Weak Ties［J］.American Journal of Sociology，1973，78（6）：1360–1380.

⑥ Uzzi B.Social structure and competition in interfirm networks：The paradox of embeddedness［M］// The sociology of economic life. London，New York：Routledge，2018：213–241.

⑦ Deshpand F.Measuring Market Orientation：Generalization and Synthesis［J］.Journal of Market Focused Management，1998，2（3）：213–232.

⑧ Covin J G，Slevin D P.Strategic management of small firms in hostile and benign environments［J］. Strategic Management Journal，1989，10（1）：75–87.

3. 战略变化速度

根据 Kim 等[1][2]的定义，战略变化速度反映了企业进行战略变化时所需要的时间的长短。因此，参照以往的研究[3]，本文用如下两个指标来衡量企业的战略变化速度，即公司战略方案的形成速度快、公司战略方案的实施速度快。

4. 控制变量

根据以往研究，企业规模、年龄以及行业类别是影响战略变化速度的重要因素[4]。因此，研究控制了这些因素影响。研究采用员工人数测量企业规模，采用企业建立的年限测量企业年龄，为了避免数量数据带来的误差，研究对人数和年龄进行了自然对数转换。行业方面，研究区分了高新技术企业与非高新技术企业，是用 1 表示，否用 0 表示。

（三）测量信度、效度分析

1. 信度检验

信度反映了各个指标之间的内部一致性或者测量的稳定性。通常采用 α 系数来衡量。一般来说，α 系数超过 0.7 就是合适的。对于新设计的问卷超过 0.6 也可以被接受[5][6]。表 1 表明，研究中所有变量的 α 系数都超过 0.7，说明每个变量的测量指标具有很好的内部一致性，具有较高的信度。

---

[1] Kim E, McIntosh J C.The faster, the better?: An empirical study on the speed of strategic change and firm survival and performance [J].Journal of Applied Business Research, 1996, 12 (2): 35-40.

[2] Dooley R S, Fryxell G E, Judge W Q.Belaboring the not-so-obvious: Consensus, commitment, and strategy implementation speed and success [J].Journal of Management, 2000, 26 (6): 1237-1257.

[3] Rajagopalan N, Spreitzer G M.Toward a theory of strategic change: A multi-lens perspective and integrative framework [J].Academy of Management Review, 1997, 22 (1): 48-79.

[4] Hannan M T, Freeman J.Structural inertia and organizational change [J].American Sociological Review, 1984, 49 (2): 149-164.

[5] Cronbach L J.Coefficient alpha and the internal structure of tests [J].Psychometrika,1951,16 (3): 297-334.

[6] Nunnally J C. Psychometric Theory [M].New York: Mcgraw-Hill, 1978.

表1 变量测量、因子分析结果及可靠性系数

变量	指标	因子载荷	α 系数
关系范围	与主要顾客间已经建立了良好的关系	0.754	0.799
	与主要供应商间已经建立了良好的关系	0.787	
	与相关政府部门建立了良好的关系	0.831	
	已经与金融机构建立良好的关系	0.804	
关系强度	我们的主要顾客是可信、可依赖的	0.815	0.827
	我们的主要供应商是可信、可依赖的	0.794	
	相关政府官员是可信、可依赖的	0.821	
	金融机构相关官员是可信、可依赖的	0.838	
市场导向	各部门间经常自由讨论与顾客交往的成败经历	0.720	0.906
	企业的竞争优势建立在对顾客需求的了解之上	0.745	
	经常系统地衡量顾客满意度	0.825	
	比竞争对手更关注顾客	0.816	
	业务之所以被开发，主要是为了服务顾客	0.802	
	经常将有关顾客满意方面的数据和信息传达到各部门	0.764	
	主要目标是让顾客满意	0.724	
	定期评价顾客服务情况	0.732	
	每年就产品质量至少与终端顾客交谈一次	0.675	

续表

变量	指标	因子载荷	α 系数
企业家导向	非常努力地去实现技术领先	0.721	0.793
	非常重视研发、技术领先和创新	0.691	
	采取大胆积极的行动，最大程度地开发潜在机会	0.799	
	往往先于竞争者发起行动	0.718	
	面对竞争风险，开展激烈竞争以击败竞争对手而不是息事宁人	0.652	
	面对风险，为了应对环境变化开展大胆的、大幅度的行动	0.618	
战略变化速度	相对于竞争对手，新战略方案形成的速度更快	0.954	0.901
	相对于竞争对手，新战略方案实施的速度更快	0.954	

2. 结构效度检验

结构效度包括聚敛效度和区别效度。研究采用验证性因子分析（CFA）来检验聚敛效度，LISREL 8.7 的检验结果显示，每个指标的路径系数都超过 0.6，远大于 0.4 的标准水平，说明测量指标聚敛效度满足研究要求。研究采用 AVE 的平方根来判断区别效度，根据以往研究，如果每个变量的平均提取方差（AVE）的平方根大于变量之间相关系数，就说明变量之间有较好的区别效度[1]。从表 2 可以看出，每个变量的 AVE 的平方根都比该行和该列的相关系数大，说明变量之间具有较好的区别效度。

---

[1] Podsakoff P M, MacKenzie S B, Lee J Y, et al.Common method biases in behavioral research: a critical review of the literature and recommended remedies [J].Journal of Applied Psychology, 2003, 88 (5): 879.

表2 相关系数表

变量	均值	标准差	模型1	模型2	模型3	模型4	模型5	模型6	模型7	模型8
1.企业规模	5.18	1.50	N/A							
2.企业年龄	2.03	0.65	0.43**	N/A						
3.行业	N/A	N/A	−0.07	0.13	N/A					
4.关系范围	5.68	1.26	0.27**	−0.04	−0.23**	0.74				
5.关系强度	5.24	1.45	0.15*	−0.10	−0.17*	0.64**	0.71			
6.企业家导向	4.37	1.35	−0.05	0.01	0.32**	0.02	−0.05	0.62		
7.市场导向	5.45	1.28	0.15*	−0.12	−0.07	0.57**	0.43**	0.26**	0.75	
8.战略变化速度	3.85	1.88	−0.19**	0.00	0.37**	0.18*	−0.20**	0.60**	−0.03	0.92

注：**，* 分别表示在 1% 和 5% 水平上显著；对角线上为 AVE 的开方值；N/A 表示不适合分析

（四）测量信度、效度分析

1. 相关分析

为了初步验证变量之间的关系以及是否存在共线性检验威胁，研究进行了相关分析。表2是根据 SPSS 分析整理得到的相关系数。由相关分析的结果来看，相关系数都小于 0.7，说明变量之间的多重共线性威胁较小。相关分析也发现，关系范围和关系强度与战略变化速度之间存在显著的相关关系，为回归分析提供了条件。

2. 回归分析

本研究的模型中存在调节作用和非线性关系，由于结构方程模型（SEM）方法在调节效应检验方面仍然不够成熟，而且难以检验非线性关系[1][2]。因此，为确保结果的准确性和稳定性，本研究采用 Baron 和 Kenny 提出并被广泛采用的分步回归法对假设进行检验[3]。表3 标明了回归的步骤和结果，为了

---

[1] Fornell C, Larcker D F.Evaluating structural equation models with unobservable variables and measurement error [J].Journal of Marketing Research，1981，18（1）：39–50.

[2] Kenny D A, Judd C M.Estimating the nonlinear and interactive effects of latent variables [J]. Psychological Bulletin，1984，96（1）：201.

[3] Baron R M, Kenny D A.The moderator–mediator variable distinction in social psychological research：Conceptual, strategic, and statistical considerations [J].Journal of Personality and Social Psychology，1986，51（6）：1173.

检验多重共线性，研究计算了因子膨胀系数（VIF），所有回归系数的膨胀因子系数都小于3，远远低于10的标准。因此，多重共线性不会对回归结果带来威胁。为了避免普通方法误差，研究采用Harman单因子分析进行了检验。Haman单因子检验结果显示，所有指标分解出五个独立因子，总解释66.56%的变异量，最大的因子解释为20.75%，没有出现解释力超过总解释量一半的因子，说明普通方法误差不会带来威胁[①]。

表3 假设检验结果汇总表

变量	模型1	模型2	模型3	模型4	模型5
因变量	战略变化速度	战略变化速度	战略变化速度	战略变化速度	战略变化速度
企业规模	−0.235***	−0.178***	−0.174***	−0.155***	−0.177***
企业年龄	−0.094	−0.118*	−0.107*	−0.062	−0.069
行业（是否高新）	0.356***	0.230***	0.238***	0.092	0.176*
关系范围		0.136*	0.171**	0.080	0.015
关系强度		−0.380***	−0.334***	−0.202***	−0.176*
关系强度平方			−0.340***	−0.198***	−0.211***
EO				0.381***	
EOX关系范围				0.212***	
EOX关系强度				−0.123*	
EOX关系强度平方				0.130*	
MO					0.206***
MOX关系范围					−0.029
MOX关系强度					−0.141
MOX关系强度平方					−0.218*
R^2	0.212	0.317	0.345	0.544	0.420
调整后的R^2	0.191	0.288	0.294	0.473	0.352
$\triangle R^2$		0.105***	0.028**	0.199***	0.075***
F值	10.11***	10.736***	6.735***	7.667***	6.221

注：*、**、***分别表示在10%、5%、1%、0.1%水平下显著

---

① Segars A H.Assessing the unidimensionality of measurement：A paradigm and illustration within the context of information systems research［J］.Omega，1997，25（1）：107-121.

模型1检验了控制变量的影响，并为进一步分析奠定了基础。模型2和模型3检验了关系范围和关系强度对战略变化速度的影响。从模型2来看，关系范围对战略变化速度的回归系数为正，说明关系范围能够加快战略变化速度。因此，假设1得到支持。模型2结果表明关系强度回归系数显著为负，模型3结果表明关系强度的平方回归系数为负。为了检验关系强度与战略变化之间的关系是线性的还是倒U形的，研究对模型2与模型3的解释力进行了比较。通过R^2变化的检验，研究发现，加入二次项后模型的R^2显著提高，说明倒U形关系比线性关系对数据的拟合程度更好。因此，关系强度与战略变化之间的关系是倒U形的，假设2得到充分验证。这说明外部关系网络强度和范围对战略变化速度有不同影响。外部网络范围促进战略变化速度，而网络强度对战略变化速度的作用"过犹不及"。网络范围越大，企业越容易找到战略变化所需要的新资源，网络强度的增加也有利于提高资源获取的效率，降低资源获取成本。然而，当网络强度过高时，亲密的关系网络反而成为战略变化的障碍。一方面，强度很高的网络往往与现有战略绑定，难以提供新战略需要的新资源；另一方面，亲密的关系网络往往难以剥离而容易引起对战略变化的抵制，这说明战略变化的过程受到既有关系网络的深刻影响，除了关系本身以外，企业更应关注众多关系形成网络的范围和强度特征。这一发现弥补以往关于战略变化研究中忽略外部网络作用的缺陷，证明了社会嵌入观点。

模型4检验了企业家导向的调节作用。模型4加入了企业家导向及相关的乘积项，结果表明企业家导向与关系范围的乘积项回归系数显著为正。这说明企业家导向加强了关系范围的正效应，假设3得到充分验证。企业家导向与关系强度平方乘积项的回归系数显著为正，说明企业家导向加强了关系强度的正面效应，削弱了关系强度的负面效应，假设4得到充分验证。模型5检验了市场导向的调节作用。模型5加入了市场导向及相关的乘积项，结果表明市场导向与关系范围的乘积项回归系数并不显著。这说明市场导向对关系范围的正效应没有显著的改变，假设5没有得到验证。市场导向与关系强度平方乘积项的回归系数显著为负，说明市场导向加强了关系强度的正面效应及关系强度的负面效应,假设 6 得到充分验证。因此,企业家导向能够提高网络范围和网络强度在战略变化过程中的积极作用,市场导向却加强了网络强度对战略变化速度的抑制作用。企业家导向的企业具有较强的前瞻性、创新性和冒险性,往往倾向于资源的创造性整合,能够帮助企业发挥外部网络范围的优势,为新战略快速构建新的资源基础。然而,着眼于现有顾客的市场导向显著加强了网络强度对战略变化的抑制作用,这说明不同的网络特征需要不同的动态能力与之匹配才能发挥最佳效果。探索新机会的动态能力能够帮助企业更好地利用网络范围和强度带来的优势推动战略变化,过于关注现有顾客、侧重应用提高的动态能力反而会限制网络优势的发挥。这一发现指出了强关系陷阱的权变要素及外部网络发挥作用的条件,拓展了强关系观点和外部网络的研究。

三、研究结论与讨论

(一)研究结论

为了回答转型环境下如何构建和有效利用外部网络加速战略变化的问题,本研究基于转型环境的典型特征分析了外部网络特征、战略导向对战略变化速度的影响。从资源管理视角,根据社会网络理论和动态能力理论构建理论模型并提出了六条假设,通过对 198 家企业的数据进行实证检验,发现外部关系网络的范围和强度特征对战略变化速度有不同的影响,有利于加速战略变化的外部网络是范围足够大而强度适中的网络,过高的网络强度会带来组织惯性,从而制约战略变化速度。企业家导向能够显著提高企业利用外部网络的效率,加强网络范围对战略变化速度的促进作用,削弱过强的关系强度带来的惯性。然而,市场导向在一定程度上加强了网络强度对战略变化速度的抑制作用。

(二)理论贡献

首先,拓展了基于资源视角的战略变化研究范畴。针对中国转型时期内

部资源匮乏的特征，研究根据社会网络理论分析了外部网络对战略变化速度的影响。以往关于资源影响战略变化的研究主要关注内部既有资源的作用，对缺乏资源的中国企业借鉴意义有限。中国转型背景下正式制度的不完备导致关系网络成为资源配置的通道，因此，与以往研究不同的是，本文分析了外部网络对战略变化的影响，进一步丰富了社会网络理论在战略变化领域的应用。更重要的是，本文发现外部网络同样需要互补性的能力才能充分发挥作用，为了充分利用外部网络推动战略变化，企业需要构建匹配的动态能力。

其次，本文丰富了战略变化过程特征的研究，有利于解释当前关于战略变化与绩效关系研究的冲突。尽管演化理论认为战略变化作为企业适应环境的行为会改进绩效，然而不一致的实证结论说明二者的关系并不简单。越来越多的学者开始认识到战略变化的实际过程可能比决策更加重要，研究需要更多地关注战略变化的过程。本研究关注战略变化速度这一过程特征，分析外部网络对战略变化速度的影响，有利于解释当前对战略变化与绩效关系不一致的研究结论。根据本文研究结果，战略变化未能带来良好绩效的原因可能在于战略变化的速度太慢。如果企业被嵌入强关系构成的狭窄网络中，战略变化会引起大量冲突，外部资源获取成本高而效果差，战略变化被延迟而无法抓住提高绩效的动态机会。相反，如果企业处在范围很大、强度适中的网络中，企业既能及时获取所需资源也不会被强关系所束缚，能够快速调整战略，从而抓住获利机会，提高企业绩效。

最后，研究丰富了转型时期战略变化的研究成果，探索了不同网络特征发挥作用的权变条件。转型时期，高度动态的环境要求企业必须加快战略变化速度，而正式制度缺失带来的关系盛行也为研究外部关系网络对战略变化速度的影响奠定了实践基础。然而，以往对资源与战略变化关系的研究主要集中在发达国家，对转型时期中国企业的战略变化实践借鉴意义有限。更重要的是，当前的研究忽略了外部网络发挥作用的条件。对中国企业而言，尽管利用外部网络获取资源的实践普遍存在，但利用外部网络的结果差异较大。一方面，除了关系本身以外，关系网络的特征可能更加重要；另一方面，外部网络发挥作用需要条件。本研究通过分析企业家导向和市场导向的调节作用，发现不同的网络特征需要构建与之匹配的动态能力，才能充分发挥外部网络对战略变化速度的促进作用。

（三）实践启示

除理论贡献外，研究也有重要的实践启示。

一方面，研究发现外部关系网络的范围和强度对战略变化速度有显著影响。尽管构建紧密的外部关系已经成为众多中国企业的共识，然而，本研究发现众多关系构成网络的结构特征更加重要。转型经济背景下，外部网络的结构特征是战略变化过程中不可忽视的重要因素。研究发现，网络范围扩大有利于加快战略变化，然而网络强度过强会限制战略变化速度。外部关系网络并不是越强越好，最有利于加快战略变化的网络是范围够大、强度适中的网络。为了加快战略变化的速度，企业需要拓展网络范围，提高资源组合的多元化，寻找新的资源来支撑新的战略，避免过度依赖强度大而范围小的外部网络带来的短视而延缓战略调整进程。企业需要反思现有紧密网络是否已经无法提供新战略所需的全新资源，是否已经让企业战略调整产生了路径依赖。对于起步晚、内部资源基础薄弱的中国企业，更需要拓展外部网络范围来推动战略变化，企业在战略转型过程中应避免过于依赖范围狭窄而紧密程度较高的网络。

另一方面，范围和强度结构不同的关系网络的利用需要不同的互补性能力。本文发现，企业家导向和市场导向对网络范围与强度作用有不同的调节作用。在战略调整过程中，为了打破关系强度带来的惯性、发挥关系范围的优势，企业需要培养具有高度前瞻性、创新性和冒险性的战略导向，而不能过度关注现有顾客与竞争。尽管中国企业有关注外部网络的文化根源，然而企业在利用外部网络推动战略变化方面存在较大差异。范围广的外部关系网络带来的资源多样化较高，为了创造性地组合不同来源的资源从而加快战略变化进程，企业应培养前瞻性、鼓励冒险和创新的企业能力。另外，过强的外部关系往往因为资源投入、深度社会嵌入、信息冗余而限制了战略变化的动力、增加了战略变化的阻力。为了削弱强关系的惯性作用，企业需要发展关注未来、鼓励创新、鼓励承担风险的战略导向，而不过分关注现有的顾客。

（四）研究不足及未来研究展望

本文存在两点不足需要进一步研究。第一，内容方面，战略变化是多维度的复杂过程，本研究仅针对中国转型背景下快速变化的环境来强调速度的重要性，而对战略变化的幅度并未进行分析。从战略变化过程来看，在动态多变的环境下，除了要关注变化的速度以外，还需要关注新战略与现有战略之间的差别大小，也就是战略变化的幅度。未来的研究需要进一步分析有利于加大战略变化幅度的外部关系网络特征，并比较有利于加快战略变化速度和加大战略变化幅度的外部关系网络特征有何差异。第二，尽管本研究采用Haman单因子分析发现普通方法误差不会对研究结果产生威胁，由于调研的难度，本研究仍然未能通过在每个企业收集两份问卷来分离因变量和自变量的测量。在未来的研究中仍需要进一步控制普通方法误差带来的影响。

基于因子分析的企业竞合关系评价体系研究*

一、绪论

（一）研究背景与意义

1.研究背景

在经济全球化的大背景下，随着产品复杂性上升和市场竞争多样化的加剧，我国企业陷入内部缺乏创新能力和外部环境要求创新的双重困境。因此，外部企业间进行相互合作必然成为各自重要的战略选择。近年来，我国政府部门通过各种政策鼓励企业积极参与各种合作来提高企业业绩。

相对于西方发达的市场经济，我国目前的市场发展还依旧处于经济转型阶段。在这种不发达的经济环境下，企业所面临的外部环境必然存在着更大的不确定性。这种不确定性主要来自三个方面：市场的动态性、资源的稀缺性以及政治体制不完善[①]。企业处在这三个典型的转型制度环境下，其创新活动的开展必须受到制度环境因素的影响。充满动态性的转型环境已经成为企业间相互合作，进而实现创新目标的重要情境因素。

但是常年来，企业间合作的失败率居高不下，合作实践的效果着实不能令人满意。据统计，约50%以上的技术合作创新项目因为种种原因不得不

---

* 本文原载于《科研管理》2016年第S1期，与贾鹿、张珊合作，收入本书时有改动。
① 孙道军，王栋.企业家资本对知识管理的作用机理研究［J］.统计与决策，2010（23）：177-179.

提前终止或未能取得预期目标①。企业往往不能真正理解竞争和合作关系的概念，只是比较片面地将竞争和合作看作相互孤立且对立的两个概念，认为二者是非此即彼或是此消彼长的，没有真正地将二者更深入的关系有机结合在一起。此外，由于学术界一直缺乏公认的竞合强度衡量标准，所以在研究中往往无法量化竞争和合作相互作用的强度。这些在研究领域中存在的不足对于我们对竞合关系的进一步研究产生了深远影响。本质上，合作虽然使得企业自身能够取长补短、使企业最终达到双赢的目的②。但不完全重合的利益才是企业间能否相互合作的结构基础，这一利益结构会对企业创新产生深刻的影响。更重要的是，该利益结构往往会随着合作过程不断地发生变化。因此，企业间的合作往往是竞争与合作同时存在且紧密联系，即企业间的合作关系实质上是"竞合关系"③。本文采用因子分析模型来描述企业间的相对竞合关系，通过对企业间竞合强度的定量分析进行研究，提出能够有效衡量企业竞合强度的相关指标，寻求更深入的、对联盟企业间相互竞合强度进行量化分析的方法。

2. 研究意义

随着我国经济全球化以及科技的迅猛发展，企业所处的发展环境已不同于以往。如今，企业不单是要与国内同行进行竞争，更要面对来自全球的竞争对手。然而，企业间单纯的竞争已经不再能够适应全球市场的发展，所以理所应当地出现了企业之间既合作又竞争的博弈关系——竞合。所谓竞合指的是两个团体或企业之间的相互合作、相互竞争的关系，二者并不矛盾，且可以同时存在。一方面企业可以通过合作更好的竞争，另一方面企业也可以在相互竞争中争取合作的机会，以促进企业更好的发展。我们必须意识到单纯着眼于合作或单纯着眼于竞争都不能有效地处理好企业间的合作关系④。我们要做的首先是将企业之间的博弈绘制成可视化的价值链，然后利用所绘制

---

① 王雪野. 国际文化资本运营[M]. 北京：中国传媒大学出版社，2008.
② 刘衡，王龙伟，李垣. 竞合理论研究前沿探析[J]. 外国经济与管理，2009，31（9）：1-8，52.
③ 牛艳芳. 支持平衡记分卡的扩展REA模型[J]. 科技管理研究，2010（7）：207-210.
④ 黄飞鸣. 信息时代中国金融业的网络化发展研究[D]. 天津：天津商学院，2006.

的价值链定义所有参与博弈的相关者，深入分析企业与供应商、竞争者、互补者和顾客之间的关系，通过分析寻找与参与博弈的企业之间合作与竞争的机会。最后，在此基础上，通过改变构成商业博弈的五种要素中的任何一种要素，以形成多种不同的博弈关系，保证了"PARTS并不会使你失去任何机会""不断地产生新战略"。然后，通过分析和比较各种博弈产生的结果，结合其所处的商业环境帮助企业制定最佳的合作竞争战略，并加以实施，最终实现拓展商业板块以求实现共同发展的战略目标[①]。

我国很多企业按照市场机制并通过战略合作来开展创新的时间不长，很多企业都在竞争合作管理过程中忽略了合作与竞争共存的重要意义，从而导致很多企业开展创新活动失败[②]。因此，是否能够立足竞争与合作关系的本质，客观正确地认识企业之间的竞合关系，以及能否做到及时妥善地处理企业间合作过程中的竞合关系，是决定企业是否能够在当前现代化经济环境下脱颖而出的关键所在。另外，由于我国市场所具有的巨大优势正在吸引着越来越多的外国资本进入，这些外国企业往往会采取与国内本土企业开展合作的方式来获得进入中国市场的通道。但在相互合作的环境中竞争依旧存在，只要它们熟悉并掌握了中国市场的市场特征和运作规律，就必然会对国内企业构成威胁，迅速转化成国内企业强有力的竞争对手。更严重的还可能会威胁我国民族产业的产业结构和竞争格局。对企业间竞合关系的研究是基于笔者对当前形势的思考，对我国本土企业的发展壮大有着举足轻重的意义[③]。

基于以上种种思考，本文准备结合企业之间竞合关系的特征与实践，指导构建企业之间竞合关系的较为科学的评价体系，并且利用SPSS与因子分析法对企业间竞合关系的指标体系进行定量分析，进一步建立企业间竞合关系的综合评价模型，帮助企业更加及时准确地认识到自身所处周围的竞合关系状况，结合自身情况调整企业的战略，从而保证企业良好运营，帮助企业稳定、快速地发展。

---

① 徐晓飞. 未来企业的组织形态——动态联盟[J]. 中国机械工程，1996（4）：15.
② 常明哲. 医药分销企业物流绩效评价研究[D]//长春：吉林大学，2009.
③ 周志强，龙勇. 竞合关系的研究评述[J]. 科技管理研究，2010（7）：204-207.

（二）国内外研究现状

截至目前为止，学术界对促进形成竞合关系的相关驱动因素并没有形成相对成熟的研究体系，也没有有效地对企业间的竞合关系进行管理，因而难以有效地调和竞争与合作这一对企业中的内在矛盾。所以说对企业间的竞合关系的研究对于国内外学者而言是一个相当重要并充满价值的领域。在对竞合关系的模型研究上，现有的很多研究成果更多借助于对竞合关系进行定性描述的概念模型，而相对缺少基于数量方法和案例研究的数理模型。中西方很多学者并不是把研究竞合关系的重点放在竞合量表开发及相关的实证研究上，而是本末倒置的将重点放在竞合概念内涵的界定或是概念模型的开发上。不过，仍有部分学者通过研究开发了相关的理论模型。

1. 国外研究现状

Tsai 在 2002 年就"同一组织内部的各个部门间的竞合是否有利于部门间的知识分享"这一问题进行了深入的研究。他采用的是利用一个组织内部各个部门之间的知识分享来表示组织内合作，并采用社会网络分析方法以及企业外部市场竞争和内部资源竞争两个指标来衡量部门之间的竞争[1]。Luo 等人针对"同一组织内部各个部门之间的竞合能否改善绩效"这一问题进行了实证研究。其关于绩效与竞合的研究共获得中国内地企业的 163 个有效样本。并基于之前学者的相关研究设计了跨部门合作能力、跨部门合作强度和跨部门竞争能力三个变量来测量部门之间的竞合[2]。Gnyawali 等基于钢铁业的案例分析和深入研究了运用竞争行为和多样性竞争行为数量两个指标来定量分析企业的竞争行为[3]，得出企业间竞合网络的结构特征对企业之间竞争活动的频度的影响是多样的。他们把钢铁行业内部的竞争性行为分为生产、营销、后勤、技术、采购等 49 种，然后运用统计方法定量分析企业的竞争行

---

[1] 王涛，张健，葛新权，等. 电子产品中有毒有害物质评价分析［J］. 环境工程，2008（S1）：249-251.

[2] Dove R. 敏捷企业［J］. 张申生，译. 中国机械工程，1996（7）.

[3] 李健，金占明. 战略联盟内部企业关系研究［J］. 科学学与科学技术管理，2008（6）：129-134.

为，把每家企业的竞争行为多样性和竞争行为数量用 Blau 异质性系数计算出来。Velasco 和 Garcia 为了验证"成功的竞合关系能够提升高新技术企业的创新能力"，在 2002 年对欧盟的一家生物技术公司进行跟踪研究。他们二人运用五个变量来测量竞合关系中竞争对手间或上下游伙伴间的竞合关系，分别是"与上游合作方的竞争""与下游合作方的竞争""与上游合作方的单纯合作""与下游合作方的单纯合作""与直接竞争对手的合作"。

2. 国内研究现状

我国学者李建和金占明在 2008 年的研究中构建了一个反映联盟间企业竞合关系的二维模型，并进一步提出了反映企业间合作关系的指标，如合作产出比率、相互依赖程度、资源投入量和合作时间。还提出了科学评估企业竞合关系的衡量指标，李建等的二维模型是按照合作和竞争的相对强弱组合将战略联盟间的企业竞合关系划分为四种不同的形式，即竞赛关系、弱相关关系、友好关系和协调关系。然后根据对企业间战略联盟的定义，得出作为合作竞争组织的战略联盟的内部企业必然存在着一定程度上的合作或者竞争关系，虽然竞争和合作的强度有弱有强，但联盟内部不存在既无合作又无竞争的现象。李建等的模型是从联盟中的企业的相互关系出发，综合考虑合作强度和竞争强度两个方面，进而全面地体现出联盟中企业间竞争与合作关系所处的状态。之后分别通过对其竞争和合作关系的强度进行评估，从而确保竞争和合作可以处于不同的维度，以免再发生相互冲突[①]。

我国学者徐亮在 2008 年的研究中提出竞合战略测量指标。在研究"竞合战略"与"技术创新"之间关系的影响这一问题时，将企业间的竞争关系分别运用市场共同性和资源相似性两个指标来反映，并且将企业间的合作关系分别用信任和承诺两个指标来反映[②]。然后用企业间的竞争程度来反映企业竞合战略中竞争活动的强弱，竞争程度的高低与竞争行为的激烈程度成正比。从市场共同性与资源相似性的角度出发，通过分析企业在非合作市场上竞争

---

① 徐亮, 张宗益, 龙勇, 等. 竞合战略与技术创新绩效的实证研究 [J]. 科研管理, 2009 (1): 87–96.

② 梁丽梅. 物流企业综合绩效评价研究 [D]. 北京：北京交通大学, 2009.

的激烈程度，预测公司之间的竞争互动对创新活动所产生的影响；而合作行为则通过企业双方在合作行为中的关系来衡量，并通过承诺和信任两个指标来反映，承诺和信任度的高低程度与企业间合作行为倾向成正比关系。企业的技术创新绩效分别从工艺创新与产品创新两个角度来分析与之前竞争对手合作后企业技术创新能力是否得到改善以及具体的改善状况。徐亮认为，企业间的合作与竞争行为是企业间竞合行为的两个既联系又对立的基本维度，所以在模型2中，分别采用合作关系和竞争程度所反映的企业竞合关系变量来阐明竞合伙伴企业在部分利益相同的目标下，竞争与合作活动中依赖与冲突并存的行为结构，从而进一步预测企业竞合行为与企业技术创新绩效的关系。

综上所述，国内外不同的学者已经分别从不同的层面提出了一些衡量企业间竞争和合作的相关指标与相关量表。但是学术界目前还没有统一或公认的对于企业和竞合关系的测量指标与相关量表，所以企业竞合关系的评价体系仍有很大的研究空间。

二、确定企业竞合关系初步评价指标体系

（一）选取初步评价指标

根据查阅文献及进行的市场调研、分析情况，构建企业间竞合关系的初步评价体系，如表1所示，共包含21个评价因子。

表1　企业竞合关系初步评价体系

符号	评价因子	符号	评价因子	符号	评价因子
X1	企业间沟通交流	X8	信息识别能力	X15	资源争夺激烈程度
X2	员工间关系	X9	信息理解能力	X16	高管对竞争的关注度
X3	合作支撑	X10	信息评估能力	X17	企业间权利冲突
X4	企业关系可持续性	X11	信息吸收能力	X18	企业间目标不相容
X5	信息交流量	X12	信息应用能力	X19	企业实力
X6	企业的社会信任度	X13	信息利用能力	X20	主要市场相似程度
X7	政府对项目的支持度	X14	资源竞争量	X21	销售渠道相似程度

（二）收集原始数据

由于上述指标体系的数据难以从相关统计数据中获取，本文采用问卷调查的方法为原始指标赋值。考虑到数据的可靠性及准确性，本文选择企业领导者、企业员工、国内多所一本院校管理学相关专业老师及学生为调查对象，对企业竞合关系初步评价指标体系的各评价因子的重要性进行评判赋分，赋分采取十级分制（1~10整数打分），分数越高代表重要性越高。本次调查研究共发放200份调查问卷，最终回收187份有效问卷。

（三）选择分析方法

本文采用因子分析法来进行分析。因子分析是利用降维的思想，把多指标转化为少数几个综合指标的多元统计分析方法。在评价指标的相关性比较高时，能消除指标间信息的重叠，并且根据指标所提供的原始信息生成非人为的权重系数。采用因子分析法进行多指标的综合评价具有以下优势：

（1）因子分析法在将原始变量变换为主因子的过程中，为了计算综合评价值，形成了反映成分和指标包含信息量的权数，从而保证真实地反映样本间的现实关系，这比人为地确定权数更为客观有效。

（2）少了指标选择的工作量。因子分析法可以保留原始评价指标的大部分信息。另外因子分析法可以消除评价指标间的相关影响，在指标选择上比较容易。

（3）随着SAS、SPSS等商品化统计分析软件的推广与应用，因子分析法在各类综合评价实践中的广泛应用成为现实。

基于上述几点，因子分析法在各类综合指标评估中得到广泛应用。因此，将评价指标和评价因子尽可能合并，将多个指标浓缩为少数几个包含了主要信息的评价因子。通过对指标内在相关性和代表性的分析，合并同类项，可得出影响企业竞合关系的主因子，构建企业竞合关系的评价体系。

三、构建竞合关系评价模型

（一）确定主因子

运用 SPSS 17.0 统计分析软件，对原始数据进行因子分析，提取主成分。

分析的第一步是将问卷数据录入后，根据原始数据计算 KMO 值和 Sig. 值，计算结果如表 2 所示，KMO 值为 0.927，Sig. 值为 0.000，两个结果均表示非常适合做因子分析。

表 2　KMO 和 Bartlett 的检验

取样足够度的 Kaiser-Meyer-Olkin 度量		0.927
Bartlett 的球形度检验	近似卡方	2948.836
	df	210
	Sig.	0.000

第二步将所有主成分按照方差一次递减的顺序排列，计算累计方差贡献率，截取能反映大部分信息的前几个因子作为主因子。初始因子载荷矩阵如表 3 所示。主因子特征值、方差贡献率及旋转后方差贡献率如表 4 所示。

表 3　初始因子载荷矩阵

分类	成分		
	1	2	3
信息识别能力	0.835	−0.154	−0.119
信息利用能力	0.826	−0.166	0.057
信息理解能力	0.826	−0.190	−0.029
信息评估能力	0.819	−0.124	−0.053
信息应用能力	0.797	−0.265	−0.004
信息吸收能力	0.787	−0.141	0.062
主要市场相似程度	0.771	0.293	−0.152
企业实力	0.762	0.184	−0.321
销售渠道的相似程度	0.751	0.345	−0.144

续表

分类	成份		
	1	2	3
合作支撑	0.742	−0.223	0.292
资源竞争量	0.742	0.295	−0.239
关系可持续性	0.738	−0.195	0.147
企业的社会信任度	0.709	−0.234	−0.128
资源争夺激烈程度	0.693	0.470	−0.013
高管的关注度	0.690	0.374	−0.279
信息交流量	0.684	−0.219	0.399
企业间沟通交流	0.651	−0.325	0.112
员工间关系	0.607	−0.346	0.116
政府对项目支持度	0.585	−0.105	−0.221
企业间目标不相容	0.402	0.581	0.576
企业间权利冲突	0.515	0.570	0.336

提取方法：主成分分析法
a.已提取了3个成分

表4 解释的总方差

成分	初始特征值			提取平方和载入			旋转平方和载入		
	合计	方差比例（%）	累积（%）	合计	方差比例（%）	累积（%）	合计	方差比例（%）	累积（%）
1	9.650	32.952	32.952	9.650	32.952	32.952	6.469	29.803	30.803
2	2.273	25.825	68.777	2.273	25.825	68.777	4.115	27.593	57.397
3	1.271	23.052	81.829	1.271	23.052	81.829	2.611	24.432	81.829
4	0.924	3.401	82.230						
5	0.805	1.832	87.061						
6	0.693	1.302	88.364						
7	0.664	1.261	89.625						
8	0.641	1.252	90.876						
9	0.535	0.948	91.924						
10	0.473	0.853	92.677						

续表

成分	初始特征值			提取平方和载入			旋转平方和载入		
	合计	方差比例（%）	累积（%）	合计	方差比例（%）	累积（%）	合计	方差比例（%）	累积（%）
11	0.462	0.799	93.476						
12	0.426	0.729	94.205						
13	0.387	0.742	94.947					0	
14	0.337	0.603	95.549						
15	0.294	0.600	96.149						
16	0.281	0.538	96.687						
17	0.259	0.534	97.221						
18	0.195	0.530	97.951						
19	0.168	0.799	98.750						
20	0.148	0.706	99.456						
21	0.114	0.544	100.000						

提取方法：主成分分析法

由表3可知，所选取的前3个因素累计方差贡献率达81.823%，集中体现了原始数据的大部分信息，对原始数据具有代表性。因此将原指标体系中21个指标划分为3个主因子，这3个主因子能充分反映21个指标所代表的评价信息。

（二）计算因子载荷矩阵

因子载荷矩阵是各个原始变量的因子表达式的系数，表达提取的公因子对原始变量的影响程度。

初始因子载荷矩阵中各指标在各主因子中没有明显集中的载荷，因此可以运用方差极大正交旋转方法对主因子载荷矩阵进行旋转，从而更好地解释主因子，旋转后的成分矩阵如表5所示。

表 5 旋转后的成分矩阵

类别	成分		
	1	2	3
信息理解能力	0.805	0.287	0.142
信息利用能力	0.794	0.19	0.215
信息应用能力	0.789	0.261	0.045
信息吸收能力	0.762	0.157	0.274
信息评估能力	0.745	0.297	0.202
信息交流量	0.730	0.082	0.250
信息识别能力	0.714	0.450	0.112
合作支撑	0.599	0.826	0.027
企业间沟通交流	0.699	0.720	0.071
关系可持续性	0.629	0.746	0.044
员工间关系	0.539	0.773	−0290
企业实力	0.271	0.749	0.160
高管的关注度	0.176	0.671	0.348
资源竞争量	0.291	0.333	0.782
销售渠道的相似程度	0.246	0.323	0788
主要市场相似程度	0.307	0.418	0.643
政府对项目支持度	0.240	0.586	−0067
企业的社会信任度	0.505	0.570	−0.216
资源争夺激烈程度	0.214	0.467	0.543
企业间目标不相容	0.124	0.025	0810
企业间权利冲突	0.089	0.238	0728

提取方法：主成分分析法
旋转法：具有 Kaiser 标准化的正交旋转法
旋转在 9 次迭代后收敛

根据因子分析的一般规则我们得知：如果某指标在一个主因子上的载荷值是它在其他因子上载荷值的两倍以上或者大于 0.4，就可以将该指标归入该主因子[①]。对数据进行方差极大正交旋转后，所有指标都在单一因子上有较大

---

① 吴开军.基于因子分析的城市会展旅游竞争力评价模型研究——以广州为例[J].工业技术经济，2009（6）：84-87.

载荷，具有明显的判别有效性，所有指标都对应一个主因子。

（三）构建综合评价模型

为了将评价体系量化，需要对调查对象进行数据处理。构建企业竞合关系评价模型需分三步进行：第一步，根据数据结果，计算各个主因子的得分；第二步，计算各主因子的方差贡献率占总方差贡献率的比重；第三步，将第二步所得数据作为权重进行加权平均，计算出企业竞合关系的综合评价值[①]。

主因子得分的计算公式为：

$$F_i = a_{i1}X_1 + a_{i2}X_2 + \cdots + a_{i21}X_{21} \quad (1)$$

F_i 为第 i 个主因子的得分，a_{i1}，a_{i2}，$\cdots$，a_{i21} 表示 21 个指标在第 i 个主因子上的载荷，通过公式（1）可以计算出各个主因子的分值。

企业竞合关系评价模型为：

$$F = 0.402F_1 + 0.316F_2 + 0.282F_3 \quad (2)$$

公式（2）所呈现的模型中，F_1，F_2，F_3 的系数是将各主因子的方差贡献率占总方差贡献率的比重作为权重，加权平均计算所得；F_1，F_2，F_3 则是运用公式（1）得出的 3 个主因子得分。F 值反映了企业竞合关系的程度。

四、结论

（一）因子分析结果解析

因子分析的结果显示，第一个主因子的方差贡献率为 32.952%，第二个主因子的方差贡献率为 25.825%，第三个主因子的方差贡献率为 23.052%，而三个因子的累计贡献率达到 81.829%，说明这三个主因子是企业竞合关系的核心和基础，是关键所在。三个因子所占比例虽然不同，但相差不大，说明三个因子同等重要，它们相辅相成，共同作用，对企业的竞合关系发挥了决定性的作用。

---

① 阎娜. 智力资本与企业绩效相关性的实证研究[D]. 长沙：中南大学，2009.

（二）企业竞合关系评价指标体系

根据因子分析结果，我们共提取出 3 个主因子，根据各类因子的指标特征，这三个主因子分别被命名为企业间合作能力、企业间合作强度和企业间竞争程度（如表 6）。

表 6 企业竞合关系评价指标体系

一级指标	评价因子
企业间合作能力	信息识别能力、信息理解能力、信息评估能力、信息吸收能力、信息应用能力、信息利用能力和信息交流量
企业间合作强度	企业间沟通交流、员工间关系、企业实力、合作支撑、企业关系可持续性、高管的关注度、政府对项目支持度和企业的社会信任度
企业间竞争程度	资源竞争量、资源争夺激烈程度、企业间权利冲突、企业间目标不相容、主要市场相似程度和销售渠道相似程度

企业间合作能力是指各个企业对于企业合作这一方式的利用能力，企业间合作能力是企业在合作中受益的决定性条件之一，其一级指标包含信息识别能力、信息理解能力、信息评估能力、信息吸收能力、信息应用能力、信息利用能力和信息交流量 7 个评价指标。

企业间合作强度是指企业间社会化互动的频率和紧密度，其一级指标包含企业间沟通交流、员工间关系、企业实力、合作支撑、企业关系可持续性、高管的关注度、政府对项目支持度和企业的社会信任度 8 个评价因子。

企业间竞争程度是指企业在市场上的竞争程度，竞争程度过高或竞争程度过低都会影响企业竞合关系，其一级指标包含资源竞争量、资源争夺激烈程度、企业间权利冲突、企业间目标不相容、主要市场相似程度和销售渠道相似程度 6 个评价因子[1]。

（三）企业竞合关系评价模型的应用

企业竞合关系评价模型为企业及时准确了解自身与合作企业的竞合关系

---

[1] 钱碧波.敏捷虚拟企业建立过程及其关键技术研究［D］.杭州：浙江大学，1999.

提供了有效的分析工具。企业可以根据公式（1）和公式（2）快速准确地计算竞合关系，将问题量化，以便企业及时调整战略。良好的合作关系能够使竞争和合作保持最佳比例，单独的竞争或单独的合作都不利于双方企业发展，合作过强、竞争过弱时，会导致企业失去斗志，一味地依赖对方，自身失去创新动力；合作过弱、竞争过强时，会导致企业不能信任对方，不能完全地交流信息，合作关系很难持续。因此，企业可以运用竞合关系评价模型，选择合作和竞争关系比例最佳的企业进行合作，并在第一时间察觉到与合作企业竞合关系的变化，及时调整战略，减少企业损失，以求达到双方共赢的合作目的。

五、研究创新与展望

笔者在阅读一定量的相关文献，听取对企业竞合关系有一定研究经验的相关专家学者的意见后，对相关企业员工、专家学者进行问卷调查，筛选了影响企业竞合关系的因素，并借助因子分析的方法，提炼出主成分，建立企业竞合关系评价体系，构建企业竞合关系的综合评价模型。

但是，本文是否在指标选择上存在疏漏，还有待进一步检验。同时，本研究是在专家问卷调查基础上得出的，数据资料有限，调查对象覆盖面有限，还需要进行更广泛、专业、深入的调查，并进行检验。无论如何，希望本文可以为有兴趣的专家学者和相关企业带来一定的社会价值和经济价值，也相信企业竞合关系评价体系会有很好的研究前景[①]。另外，我们需要进一步研究竞合与合作、竞争、冲突等一般企业之间关系变量的关系，然后按照竞合理论，在对竞合理论和传统的组织间关系理论进行整合的基础上，基于资源依赖、交易成本、组织间关系等研究得出新的研究结论，把竞争与合作归入统一的研究框架，深入理解组织间竞合关系的复杂性和多变性。注意竞合理论与其他相关理论的融合，以对组织间合作问题进行更深入的

---

① 汪应洛. 系统工程 [M]. 2 版. 北京：机械工业出版社，2003.

分析。

因此，为了进一步弥补方法上的缺陷，使其对管理实践发挥更大的指导作用，对竞争合作关系进行更为深入和严谨的研究，应成为该领域后续研究的重要方向。

联盟中的知识管理：控制机制的作用研究*

一、引言

随着科学技术的不断进步，大量新知识爆炸式的涌现，使得当今时代已成了知识经济时代。在这样的环境下，知识对企业的竞争优势有着重要影响。大量研究发现，知识已经成为企业竞争优势的重要基础[①]。但企业不可能拥有所需要的全部知识，而且仅仅依靠自身来积累所需的知识会造成成本不经济的现象，所以从外界获取知识就成为企业保持竞争优势的重要手段[②]。在这种情形之下，越来越多的企业通过建立战略联盟来获取知识[③]。虽然大量的企业通过建立联盟的方式来获取知识，然而并不是所有的企业都可以有效地通过联盟来建立和保持自身的竞争优势。这其中有两个原因：第一，有些企业无法有效地获取联盟伙伴的知识；第二，有些企业虽然获取了联盟伙伴的知识，但无法有效地对这些知识加以利用。因此联盟中的知识管理就成了一个重要的研究课题。控制机制作为降低联盟风险、促进联盟内部合作的一种重要手

---

* 本文原载于《科学学与科学技术管理》2009 年第 10 期，与苏中锋合作，收入本书时有改动。

① Nonaka I.A dynamic theory of organizational knowledge creation［J］.Organization Science，1994，5（1）：14-37.

② Inkpen A C.Learning through joint ventures：A framework of knowledge acquisition［J］.Journal of Management Studies，2000，37（7）：1019-1044.

③ 苏中锋，谢恩，李垣.基于不同动机的联盟控制方式选择及其对联盟绩效影响：中国企业联盟的实证分析［J］.南开管理评论，2007，10（5）：4-11.

段，对联盟合作的效果以及联盟中企业的绩效都有重要影响，在联盟知识管理的过程中也发挥了重要的作用[①]。但目前对于联盟控制机制的研究主要集中于控制机制对联盟绩效的影响，而对控制机制在联盟知识管理过程中所发挥的作用缺乏深入的研究。在我国，虽然大量的企业都已经建立了各式各样的联盟，然而多数企业对如何管理联盟不甚了解，而且缺乏相应的理论指导。在这种情况下，探讨企业如何有效地利用控制机制来实现联盟中知识管理的目标就显得更具有理论和现实意义。

二、联盟中的知识管理

在知识经济时代，知识已经成为企业创造价值的根本前提[②]。Nonaka指出"企业的本质就是知识的整合机制"，所以企业的竞争优势在很大程度上依赖于企业的知识积累和应用能力[③]。企业的知识有内部和外部两个重要来源。内部来源是指企业依靠自身努力所进行的知识开发和积累。企业对这种方式获取的知识有着深入的了解，能够轻易地对这些知识加以有效应用。但这种内部积累的方式需要花费较长的时间和投入较多的资源，企业依靠自身来积累所需的全部知识会造成成本不经济的现象；同时，企业仅仅依靠自身积累知识无法适应产品生命周期不断缩短、竞争日趋激烈的市场环境；而且新知识爆炸式的涌现使得企业不可能只靠自身努力就能够获取所需的全部知识，所以知识的外部来源对企业竞争优势有着重要作用。知识的外部来源有三种途径：市场交易、并购其他企业和战略联盟。相对于显性的实物资产而言，知识的隐性特征决定了其单方面转移的难度，使得利用市场交易的方式获取知识须耗费较高的成本。利用并购方式来获取知识也受到许多因素的制约。例

---

① 苏中锋，谢恩，李垣. 基于不同动机的联盟控制方式选择及其对联盟绩效影响：中国企业联盟的实证分析[J]. 南开管理评论，2007，10（5）：4–11.

② Inkpen A C.Learning and knowledge acquisition through international strategic alliances[J]. Academy of Management Executive，1998，12（4）：69–80.

③ Nonaka I.A dynamic theory of organizational knowledge creation[J].Organization Science，1994，5（1）：14–37.

如，一家企业不可能买下拥有某些新知识的大学实验室；并购活动可能会破坏被并购企业的凝聚力，导致原有员工的流失，使企业获取知识的目标难以实现。在这种情况下，战略联盟就成为获取另一家企业知识的最优选择。

虽然有大量的企业已经通过建立战略联盟的方式来获取知识，然而并不是所有的企业都可以有效地实现其目标。这其中有两个原因：第一，有些企业无法有效地获取联盟伙伴的知识；第二，有些企业虽然获取了联盟伙伴的知识，但无法有效地对这些知识加以利用。如果无法有效地获取联盟伙伴的知识，企业通过联盟获取知识的目标也就无法实现。同样地，如果企业获取了联盟伙伴的知识，但是无法对这些知识进行有效利用，企业通过联盟获取知识进而建立和保持竞争优势的目标依旧无法实现。所以，联盟中的知识管理就成为一个重要的研究课题。根据企业无法通过联盟获取知识进而建立和保持竞争优势的两个重要原因，在本文中我们将联盟中的知识管理分为两个阶段：知识获取和知识应用。其中，知识获取是企业在联盟中获取合作伙伴知识的过程；而知识应用是企业将获取的知识加以有效利用，进而建立和保持竞争优势的过程。

虽然联盟为企业获取外部知识创造了条件，但联盟中的知识管理是一个复杂的过程，这个过程需要联盟双方共同参与[1]。在知识获取的过程中，必须保证知识的可获取性，也就是联盟伙伴愿意提供知识来让企业获取。由于联盟的不稳定性和知识获取的风险性，联盟伙伴可能不愿意提供企业需要获取的知识。有效的联盟控制机制可以降低联盟中的合作风险[2]，通过降低合作的风险，可以激发联盟伙伴分享知识的动机，进而对联盟中的知识共享产生影响。也就是说，有效的联盟控制机制是实现联盟中知识获取的重要保证。同样在知识利用的过程中，企业需要与联盟伙伴不断进行沟通，加深对获取知识的理解，保证对获取知识的有效利用。联盟控制机制对联盟中的沟通也有

---

[1] Inkpen A C. Learning through joint ventures: A framework of knowledge acquisition [J]. Journal of Management Studies, 2000, 37（7）: 1019-1044.

[2] Fryxell G. After the ink dries: The interaction of trust and control in US based international joint ventures [J]. Journal of Management Studies, 2002, 39（6）: 865-886.

重要的影响，这不可避免地会在知识利用的过程中发挥重要的作用，也就是控制机制会对知识获取和企业绩效的关系产生重要的调节作用。综上所述，控制机制在联盟知识管理过程中的作用体现在如下两个方面：第一，控制机制影响联盟中的知识获取；第二，控制机制会对联盟中获取知识的利用产生影响，也就是其会调节知识获取和企业绩效的关系。基于这个逻辑，本文提出如图 1 所示的研究框架来分析控制机制在联盟知识管理过程中所发挥的作用。

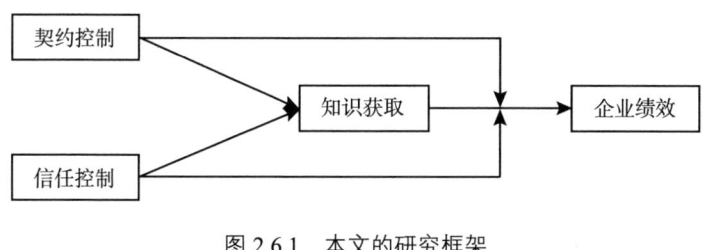

图 2.6.1　本文的研究框架

三、联盟的控制机制

（一）联盟的控制机制

战略联盟的控制是指企业通过一系列的方法和手段，保证联盟实现自身战略目标的行为。有效的控制机制可以防范联盟中的投机行为，降低联盟的风险；同时有效的控制机制可以降低协调成本，促进联盟中的沟通。在目前对联盟控制机制的研究中，主要存在两种重要的控制机制：契约控制和信任控制。

契约控制是指通过正式的契约控制合作伙伴行为、降低联盟中存在的风险和促进联盟沟通的一种控制方式。通过契约，联盟成员能够详细地规定合作各方的责任和义务，同时给予合作伙伴在对方实施投机行为时依靠第三方力量保护自身利益的权利[1]。有两种类型的市场契约被用于控制合作关系：一

---

[1] Dyer J H.Effective inter-firm collaboration：How firms minimize transaction costs and maximize transaction value［J］.Strategic Management Journal，1997，18（7）：535-556.

是古典契约，这类契约清楚地定义了合作各方的权利和义务，适合内容比较简单、环境不确定性较低、专用性投资水平也较低的合作；随着资产专用性的提高以及环境不确定性的增加，制定一份详细规定各个合作成员责权并考虑环境变化的契约的难度越来越大，新古典契约成为一种新的控制手段①。新古典契约强调了环境变化时交易各方应该采取的行动，增加了合作安排的柔性和适应性。

契约控制强调了联盟的经济属性以及在联盟过程中防范合作伙伴的机会主义倾向。但对于联盟这种具有反复交易性质的合作来说，其不但具有经济属性，而且具有明确的社会交易维度，合作中可能产生和发展各方之间的信任，所以信任控制也就应运而生。信任控制最主要的特点就是控制方式的实施不需要第三方力量的介入。相比而言，契约控制强调通过规则、目标、程序和规章制度来说明期望的行为，以此来保证目标的实现②；而信任控制利用组织价值、惯例和文化来鼓励预期的行为③。二者的关键区别在于前者更多地利用严格的绩效标准来评估结果，并通过硬性措施禁止和惩罚与预期目标相违背的行为；而后者则更多地通过改变人们的价值行为取向，使其自觉完成组织期望的行为④。

（二）控制机制对知识获取的影响

在知识获取的过程中，控制机制作用的发挥体现在其能否让合作伙伴愿意提供知识⑤。在这个过程中，契约控制是以联盟各方达成的协议为主要控制

---

① 苏中锋，谢恩，李垣. 基于不同动机的联盟控制方式选择及其对联盟绩效影响：中国企业联盟的实证分析[J]. 南开管理评论，2007，10（5）：4-11.

② Uzzi B.Social structure and competition in inter-firm networks:The paradox of embeddedness[J]. Administrative Science Quarterly, 1997, 42（1）: 35-67.

③ Gulati R.Network location and learning: The influence of network resources and firm capabilities on alliance formation[J].Strategic Management Journal, 1999, 2015: 397-420.

④ 张延锋，刘益，李垣. 国内外战略联盟理论研究评述[J]. 南开管理评论，2002（2）：53-55.

⑤ Fryxell G.After the ink dries: The interaction of trust and control in US based international joint ventures[J].Journal of Management Studies, 2002, 39（6）: 865-886.

依据，制定相应的制度和规则来激励合作、惩罚机会主义行为和其他不利于联盟发展的行动，从而有利于联盟中的知识转移[①]。为了防止对方侵吞和滥用自己的知识，联盟成员将制定尽可能完备的契约来规定知识利用的方式和过程。这些措施可以有效地防范机会主义行为的发生，使联盟成员愿意向合作伙伴提供相应的知识。相反，如果联盟双方没有签订有效的契约，双方的关系处于一个不明确的状态，这时双方的权利和义务都没有被清晰地界定，如果联盟一方采取了损害对方利益的行动，却不存在对于该行为的惩罚机制，使得联盟中的机会主义行为处于一个较高的水平，这会明显降低联盟成员向合作伙伴分享知识的积极性[②]。随着契约控制水平的提高，双方都会对权利和义务进行相应的调整，而相应的惩罚机制也会建立，这就会大大减少联盟中的机会主义行为，提高联盟中知识的可获取性。

值得注意的是，尽管契约控制能够减少联盟中的机会主义行为，但是采用契约控制必须保证契约的有效实现。我国目前正处于经济制度的转型阶段，相应的法律、法规并不完善，这对契约控制的有效性产生一定的影响。同时，我国的文化以及商业传统都重视通过建立良好的关系来保证合作的实现，而过度地采取契约控制说明对联盟伙伴的不信任，这会伤害合作双方的信任关系，导致企业不愿意向合作伙伴提供知识。所以，在我国企业间的联盟中，契约控制会导致联盟中知识的可获取性随着契约控制强度的增加先上升后下降，也就是契约控制会导致联盟中知识的可获取性呈∩形。所以，提出命题：

命题1：契约控制对知识获取有∩形的影响作用。

信任控制可以通过改变价值行为取向，使其自觉完成组织期望的行为[③]。所以信任控制在联盟知识获取的过程中发挥着重要的作用。依赖信任控制有

[①] Geringer J M, Herbert L.Control and performance of international joint ventures [J].Journal of International Business Studies, 1989, 20 (2): 235–254.

[②] Tarun K, Gulati R, No hria N.The dynamics of learning alliances: Competition, cooperation, and relative scope [J].Strategic Management Journal, 1998, 19 (3): 193–210.

[③] Dyer J H.Effective inter-firm collaboration: How firms minimize transaction costs and maximize transaction value [J].Strategic Management Journal, 1997, 18 (7): 535–556.

助于提高联盟成员之间的信任度,从而提高企业在联盟中转移知识的意愿[1]。当联盟成员间的信任关系比较薄弱时,知识的提供方会顾忌知识接受方采取机会主义行动,从而不愿意提供知识;相反,当联盟成员间的信任水平较高时,知识的提供方会相信对方不会采取机会主义行动,这时知识提供方提供知识的意愿将明显高于双方信任水平较低的时候。也就是信任控制可以有效减少知识提供方对对方采取机会主义行动的忧虑,使得联盟中知识的可获取性处于较高的水平[2]。在我国企业间的联盟中,信任控制会提高联盟中知识的可获取性。一方面,我国转型时期法律、法规等正式制度的不完善使得信任控制成了契约控制的重要补充。双方良好的信任关系可以有效地避免联盟中的机会主义行为,使得联盟中的知识提供方提供知识的意愿增强,提高联盟中知识的可获取性;另一方面,我国的文化和商业传统都强调信任在合作中的重要作用,合作双方的信任可以有效地提高双方的合作效率,从而提高联盟中知识的可获取性[3]。所以,在我国企业间的联盟中,信任控制可以使企业更加容易地获得合作伙伴的知识。因此,提出命题:

命题2:信任控制对知识获取有正向的影响作用。

(三)控制机制对知识吸收的影响

除了需要有效地获取联盟伙伴的知识以外,企业还需要将获取的知识有效地应用才能建立和保持竞争优势。但是,由于获取的知识通常具有隐性特征,以及企业对获取的知识缺乏深入的理解。在应用这些知识的过程中,企业需要通过与联盟伙伴的沟通、交流来理解和消化这些知识,进而实现知识

---

[1] Luo Y.Antecedents and consequences of personal attachment in cross-cultural cooperative ventures [J].Administrative Science Quarterly,2001,46(2):177-201.

[2] Lumpkin G T,Dess G G.Clarifying the entrepreneurial orientation construct and linking it to performance [J].Academy of Management Review,1996,21(1):135-172.

[3] Inkpen A C.Learning and knowledge acquisition through international strategic alliances [J].Academy of Management Executive,1998,12(4):69-80.

的有效应用①。控制机制对联盟伙伴间的协调与沟通有着重要的影响,所以控制机制会影响企业对获取知识的利用,也就是控制机制会影响知识获取与企业绩效的关系②。

对于契约控制的影响作用,我们认为其呈∩形。首先,如果联盟双方之间没有建立有效的契约,双方的协调和沟通会处于较低的水平。这主要出于以下两方面的原因。第一,如果联盟双方没有签订契约,此时双方的关系处于不明确的状态,双方的权利和义务都没有有效的界定。在这种不明确的状态下,如果联盟的一方采取合作行动,就会使自身面临对方采取机会主义行动的风险。在这种情形下,联盟双方都不会采取任何合作行动,也就使得联盟双方欠缺协调、沟通的意愿③。第二,在缺乏契约的情形下,对于联盟双方的行为缺乏有效的约束,双方行为的随机性很强,使得即使双方进行了一定的协调和沟通,该沟通的可信性和效果也要大打折扣。综上所述,缺乏契约会导致联盟双方的协调和沟通处于较低水平,这不利于加深对联盟伙伴知识的理解和应用,也会降低联盟中获取知识所能发挥的价值。当联盟中的契约控制处于高水平时,联盟中的行动都在契约的约束范围内进行,联盟双方只需要按照契约的规定采取相应的行动,而对于双方的协调和沟通很少关注,而且严格的契约控制使得联盟的柔性处于较低的水平,合作双方很难通过协调和沟通的方式对合作内容进行修改,这就使得联盟的合作双方进行协调和沟通的意愿处于很低的水平,不利于企业通过协调和沟通增加对获取知识的理解和使用,进而对知识获取和企业绩效关系产生不利的影响④。相反,当联盟中的契约控制处于一个适度水平的

---

① Dyer J, Singh H.The relational view: Cooperative strategy and sources of inter-organizational competitive advantage [J].Academy of Management Review, 1998, 23 (4): 600-679.

② Das T K, Teng B.Risk types and inter-firm alliance structures [J].Journal of Management Studies, 1996, 33 (6): 827-843.

③ Tarun K, Gulati R, Noria N. The dynamics of learning alliances: Competition, cooperation, and relative scope [J].Strategic Management Journal, 1998, 19 (3): 193-210.

④ Gulati R.Network location and learning: The influence of network resources and firm capabilities on alliance formation [J].Strategic Management Journal, 1999, 20 (5): 397-420.

时候，缺乏契约所导致的合作随机性和过度的契约控制所导致的刚性都很低，这时联盟伙伴通过协调和沟通来解决问题就处于一个较高的水平。高水平的协调和沟通有助于企业理解与应用在联盟中获取的知识，发挥这些知识的作用。所以，适度的契约控制可以使获取知识的价值得到最大程度的发挥。因此，我们提出如下命题：

命题3：契约控制对知识获取与企业绩效关系有∩形的影响作用。

信任控制在联盟知识应用的过程中发挥着重要的作用。其作用主要体现在两个方面：第一，合作伙伴间的信任关系使得合作双方愿意通过协调和沟通的方式解决合作中出现的问题，所以信任控制有助于联盟伙伴间的沟通与协调，进而帮助企业吸收在联盟中获取的知识[1]。第二，当联盟成员间的信任水平较高时，知识的提供方会相信对方不会采取机会主义行动，这时知识提供方会愿意帮助合作伙伴加深对获取知识的理解和应用，帮助伙伴实现获取知识的价值。相反，当联盟成员间的信任关系比较薄弱时，知识的提供方会担心知识接受方采取机会主义行动，从而不愿意帮助合作伙伴有效地利用获取的知识[2]。也就是信任可以有效减少知识提供方对对方机会主义行为的忧虑，帮助合作伙伴利用获取的知识。在我国转型时期，法律、法规等正式制度的不完善使得信任控制成了契约控制的重要补充。双方良好的信任关系可以有效减少联盟中的机会主义行为，使得联盟中的知识提供方愿意帮助合作伙伴有效地利用获取的知识。此外，我国的文化和商业传统都强调信任在合作中的重要作用，合作双方的信任关系可以有效提高双方合作的效率，促进联盟的协调和沟通，加深企业对获取知识的理解[3]。所以在我国企业间的联盟中，信任控制可以使企业更加有效地利用获取的知识。因此，本文

---

[1] Lumpkin G T, Dess G G.Clarifying the entrepreneurial orientation construct and linking it to performance [J].Academy of Management Review, 1996, 21（1）: 135–172.

[2] Mowery D C, Oxley J E, Silverman B S.Strategic alliances and interfirm knowledge transfer [J]. Strategic Management Journal, 1996, 17（S2）: 77–91.

[3] Tarun K.The dynamics of learning alliances: Competition, cooperation, and relative scope [J]. Strategic Management Journal, 1998, 19（3）: 193–210.

提出命题:

命题 4: 信任控制对知识获取与企业绩效关系有正向的影响作用。

四、结论

由于知识对企业竞争优势具有重要影响,越来越多的企业开始通过建立联盟的方式来获取知识,然而并不是所有的企业都可以有效地实现相应的目标。因此,如何有效地进行联盟中的知识管理就成为一个重要的研究课题。控制机制作为降低联盟风险、促进联盟企业间合作的重要手段,在联盟知识管理的过程中发挥了重要的作用。然而,目前对于联盟控制机制的研究主要关注于控制机制对联盟绩效的影响,对控制机制在联盟知识管理过程中所发挥的作用缺乏深入的研究。本文结合我国企业在联盟知识管理过程中存在的两个问题,将联盟中的知识管理区分为知识获取和知识应用两个阶段,分别分析了契约控制和信任控制这两种控制机制在联盟知识管理过程中所发挥的作用。研究发现,适度的契约控制可以帮助企业有效地获取和利用联盟中的知识,而信任控制对联盟中的知识获取和知识利用都有重要的促进作用。本文的研究弥补了目前对于联盟控制机制在联盟知识管理过程中所发挥作用研究的空白。

同时,本文的研究有重要的应用价值。第一,研究发现,契约控制对联盟中的知识获取存在∩形的关系,所以我国企业要对契约控制的作用有清醒的认识:一方面要通过签署相应的契约来降低联盟的不确定性,另一方面要注意避免过于严格的契约所导致的不利影响。同时,信任控制对知识获取有重要的促进作用,所以企业在联盟中要建立相应的信任关系,利用信任控制机制来保证知识获取目标的实现。第二,在知识应用的过程中,不论是缺乏有效的契约控制还是过于严格的契约控制,都会影响联盟中的协调和沟通,对企业应用获取的知识产生不利影响;而信任控制可以促进联盟双方的协调和沟通,实现对获取知识的有效应用,所以在利用知识的过程中,企业需要将契约控制保持在一个合理的水平,更多地发挥信任控制机制的作用。综上所述,在整个联盟知识管理的过程中,企业应该较多地利用信任控制方式来保证知识的获取和应用,而对契约控制的利用要保持在适度的水平。